Geheimnisse der Chinesischen Küche
Eine kulinarische Reise durch das Reich der Aromen

Li Wei

Index

Einführung *10*
  marinierte Abalone *12*
  Sautierte Bambussprossen *13*
  Huhn mit Gurke *14*
  Sesame Chicken *15*
  Litschis mit Ingwer *16*
  Rot gekochte Hähnchenflügel *17*
  Krabbenfleisch mit Gurke *18*
  Marinierte Pilze *19*
  Marinierte Knoblauchpilze *20*
  Garnelen und Blumenkohl *21*
  Schinkenstangen mit Sesam *22*
  kalter Tofu *23*
  Huhn mit Speck *24*
  Gebratenes Huhn und Banane *26*
  Huhn mit Ingwer und Pilzen *27*
  Huhn und Schinken *29*
  Gegrillte Hühnerleber *30*
  Krabbenbällchen mit Wasserkastanien *31*
  dimsum *32*
  Schinken- und Hähnchenröllchen *33*
  Rezepte für gebackenen Schinken *35*
  Geräucherter Fisch *36*
  gefüllte Pilze *38*
  Pilze in Austernsauce *39*
  Schweinefleisch- und Salatröllchen *40*
  Fleischbällchen aus Schweinefleisch und Kastanien *42*
  Schweineknödel *43*
  Schweine- und Kalbfleischpasteten *44*
  Schmetterlingsgarnelen *45*
  chinesische Garnelen *46*
  Garnelencracker *47*

Knusprige Garnelen	48
Garnelen mit Ingwersauce	49
Garnelen- und Nudelröllchen	50
Garnelentoast	52
Wontons aus Schweinefleisch und Garnelen mit süß-saurer Soße	53
Hühnersuppe	55
Sojasprossen und Schweinefleischsuppe	56
Abalone-Pilz-Suppe	57
Hühner- und Spargelsuppe	59
Fleischsuppe	60
Chinesische Rindfleisch-Blatt-Suppe	61
Krautsuppe	62
Scharfe Rindfleischsuppe	63
himmlische Suppe	65
Hühner- und Bambussuppe	66
Hühner- und Maissuppe	67
Hühner-Ingwer-Suppe	68
Chinesische Pilz-Hühnersuppe	69
Hühner- und Reissuppe	70
Hühner-Kokos-Suppe	71
Muschelsuppe	72
Eiersuppe	73
Krabben- und Jakobsmuschelsuppe	74
Krabbensuppe	76
Fischsuppe	77
Fisch- und Salatsuppe	78
Ingwersuppe mit Knödeln	80
heiße und saure Suppe	81
Pilz Suppe	82
Pilz- und Kohlsuppe	83
Pilz-Eiersuppe	84
Pilz- und Wasserkastaniensuppe	85
Schweinefleisch- und Pilzsuppe	86
Schweinefleisch-Brunnenkresse-Suppe	87
Schweinefleisch-Gurken-Suppe	88
Suppe mit Schweinebällchen und Nudeln	89

Spinat-Tofu-Suppe	90
Mais- und Krabbensuppe	91
Szechuan-Suppe	92
Tofu-Suppe	94
Tofu- und Fischsuppe	95
Tomatensuppe	96
Tomaten-Spinat-Suppe	97
Rübensuppe	98
Gemüsesuppe	99
vegetarische Suppe	100
Kressesuppe	101
Gebratener Fisch mit Gemüse	102
Gebratener ganzer Fisch	104
Geschmorter Sojafisch	105
Sojafisch mit Austernsauce	106
Gekochter Wolfsbarsch	108
Gebackener Fisch mit Pilzen	109
Süßer und saurer Fisch	111
Mit Schweinefleisch gefüllter Fisch	113
Gewürzter Karpfenbraten	115
Garnelen mit Litschisauce	117
Gebratene Garnelen mit Mandarine	118
Garnelen mit Zuckererbsen	119
Garnelen mit chinesischen Pilzen	120
Garnelen-Erbsen-Pfanne	121
Garnelen mit Mango-Chutney	122
Gebratene Garnelenknödel mit Zwiebelsauce	124
Garnelen-Mandarina mit Erbsen	125
Garnelen nach Peking-Art	126
Garnelen mit Paprika	127
Mit Schweinefleisch sautierte Garnelen	128
Gebratene Garnelen mit Sherrysauce	129
Gebratene Garnelen mit Sesam	130
In der Schale gebratene Garnelen	131
gebratene Garnelen	132
Garnelen-Tempura	133

Untergummi	*134*
Garnelen mit Tofu	*135*
Garnelen mit Tomaten	*136*
Garnelen mit Tomatensauce	*137*
Garnelen mit Tomaten-Paprika-Sauce	*138*
Gebratene Garnelen mit Tomatensauce	*139*
Garnelen mit Gemüse	*140*
Garnelen mit Wasserkastanien	*141*
Garnelen-Wontons	*142*
Abalone mit Hühnchen	*143*
Abalone mit Spargel	*144*
Abalone mit Pilzen	*146*
Abalone mit Austernsauce	*147*
Gedämpfte Muscheln	*148*
Muscheln mit Sojasprossen	*148*
Muscheln mit Ingwer und Knoblauch	*149*
Gebratene Muscheln	*150*
Krabbenkuchen	*151*
Krabbencreme	*152*
Krabbenfleisch mit chinesischen Blättern	*153*
Crab Foo Yung mit Sojasprossen	*154*
Krabbe mit Ingwer	*155*
Krabbe Lo Mein	*156*
Gebratene Krabben mit Schweinefleisch	*157*
gebratenes Krabbenfleisch	*158*
frittierte Tintenfischbällchen	*159*
Kantonesischer Hummer	*160*
gebratener Hummer	*161*
Gedämpfter Hummer mit Schinken	*162*
Hummer mit Pilzen	*163*
Hummerschwänze mit Schweinefleisch	*164*
gebratener Hummer	*166*
Hummernester	*168*
Muscheln in schwarzer Bohnensauce	*169*
Muscheln mit Ingwer	*170*
gekochte Muscheln	*171*

gebratene Austern	172
Austern mit Speck	173
Gebratene Austern mit Ingwer	174
Austern mit schwarzer Bohnensauce	175
Jakobsmuscheln mit Bambussprossen	176
Jakobsmuscheln mit Ei	177
Jakobsmuscheln mit Brokkoli	178
Jakobsmuscheln mit Ingwer	180
Jakobsmuscheln mit Schinken	181
Jakobsmuschel-Rührei mit Kräutern	182
Jakobsmuschel und Zwiebeln unter Rühren anbraten	183
Jakobsmuscheln mit Gemüse	184
Jakobsmuscheln mit Paprika	185
Tintenfisch mit Sojasprossen	186
fritierter Tintenfisch	187
Tintenfischpackungen	188
Gebratene Tintenfischröllchen	190
geschmorter Tintenfisch	191
Tintenfisch mit getrockneten Pilzen	192
Tintenfisch mit Gemüse	193
Geschmortes Anissteak	194
Rindfleisch mit Spargel	195
Fleisch mit Bambussprossen	196
Fleisch mit Bambussprossen und Pilzen	197
Chinesisches Roastbeef	198
Fleisch mit Sojasprossen	199
Rindfleisch mit Broccoli	200
Sesam-Rindfleisch mit Brokkoli	202
Roastbeef	203
Kantonesisches Rindfleisch	204
Fleisch mit Karotten	205
Rindfleisch mit Cashewnüssen	206
langsamer Fleischauflauf	207
Fleisch mit Blumenkohl	208
Rindfleisch mit Sellerie	209
Gebratene Fleischchips mit Sellerie	210

Geschnetzeltes Rindfleisch mit Hühnchen und Sellerie *211*
Chili-Rindfleisch *213*
Rindfleisch mit Chinakohl *215*
Rinderkotelett *217*
Fleisch mit Gurke *219*
Beef Chow Mein *220*
Gurkensteak *222*
Roastbeef-Curry *223*

9

Einführung

Jeder, der gerne kocht, liebt es, neue Gerichte und neue Geschmackserlebnisse auszuprobieren. Die chinesische Küche erfreut sich in den letzten Jahren großer Beliebtheit, da sie eine große Vielfalt an Geschmacksrichtungen bietet. Die meisten Gerichte werden auf dem Herd zubereitet und viele lassen sich schnell zubereiten und garen, sodass sie ideal für den vielbeschäftigten Koch sind, der in wenig Zeit ein appetitliches und ansprechendes Gericht zubereiten möchte. Wenn Sie sich wirklich für chinesisches Kochen interessieren, besitzen Sie wahrscheinlich bereits einen Wok und er ist das perfekte Utensil zum Kochen der meisten Gerichte im Buch. Wenn Sie immer noch nicht davon überzeugt sind, dass diese Art des Kochens das Richtige für Sie ist, verwenden Sie eine gute Pfanne oder einen Topf, um mit Rezepten zu experimentieren. Wenn Sie entdecken, wie einfach sie zuzubereiten und wie lecker sie zu essen sind,

marinierte Abalone

Für 4 Portionen

450 g/1 Pfund Abalone aus der Dose

45 ml / 3 EL Sojasauce

30 ml/2 EL Weinessig

5 ml/1 TL Zucker

ein paar Tropfen Sesamöl

Die Abalone abtropfen lassen und in dünne Scheiben schneiden oder in Streifen schneiden. Restliche Zutaten vermischen, über die Abalone gießen und gut vermischen. Abdecken und 1 Stunde kühl stellen.

Sautierte Bambussprossen

Für 4 Portionen

60 ml / 4 EL Erdnussöl (Erdnuss)

225 g Bambussprossen, in Streifen geschnitten

60 ml / 4 EL Hühnerbrühe

15 ml / 1 EL Sojasauce

5 ml/1 TL Zucker

5 ml/1 TL Reiswein oder trockener Sherry

Das Öl erhitzen und die Bambussprossen 3 Minuten braten. Brühe, Sojasauce, Zucker und Wein oder Sherry verrühren und in den Topf geben. Abdecken und 20 Minuten kochen lassen. Vor dem Servieren abkühlen lassen und kalt stellen.

Huhn mit Gurke

Für 4 Portionen

1 Gurke, geschält und entkernt

225 g / 8 oz gekochtes Hähnchen, in Stücke geschnitten

5 ml/1 TL Senfpulver

2,5 ml/¬Ω Teelöffel Salz

30 ml/2 EL Weinessig

Die Gurke in Streifen schneiden und auf einem flachen Servierteller anrichten. Das Hähnchen darauf anrichten. Senf, Salz und Weinessig vermischen und vor dem Servieren über das Hähnchen gießen.

Sesame Chicken

Für 4 Portionen

350 g/12 Unzen gekochtes Hühnchen
120 ml/4 fl oz/¬Ω Tasse Wasser
5 ml/1 TL Senfpulver
15 ml / 1 EL Sesamkörner
2,5 ml/¬Ω Teelöffel Salz
eine Prise Zucker
45 ml / 3 EL gehackter frischer Koriander
5 Frühlingszwiebeln (Frühlingszwiebeln), gehackt
¬Ω Salatkopf, zerkleinert

Das Hähnchen in dünne Streifen schneiden. Mischen Sie gerade so viel Wasser mit dem Senf, dass eine glatte Paste entsteht, und rühren Sie sie unter das Huhn. Die Sesamkörner in einer trockenen Pfanne leicht bräunen rösten, dann zum Hähnchen geben und mit Salz und Zucker bestreuen. Die Hälfte der Petersilie und des Schnittlauchs hinzufügen und gut vermischen. Den Salat auf einem Servierteller anrichten, mit der Hühnermischung belegen und mit der restlichen Petersilie garnieren.

Litschis mit Ingwer

Für 4 Portionen

1 große Wassermelone, halbiert und entkernt
450 g Litschis aus der Dose, abgetropft
5 cm Ingwerstängel, in Scheiben geschnitten
einige Minzblätter

Melonenhälften mit Litschis und Ingwer füllen, mit Minzblättern garnieren. Vor dem Servieren abkühlen lassen.

Rot gekochte Hähnchenflügel

Für 4 Portionen

8 Hühnerflügel

2 Frühlingszwiebeln (Frühlingszwiebeln), gehackt

75 ml / 5 EL Sojasauce

120 ml/4 fl oz/½ Tasse Wasser

30 ml / 2 Esslöffel brauner Zucker

Schneiden Sie die Knochenenden der Hähnchenflügel ab, entsorgen Sie sie und schneiden Sie sie in zwei Hälften. Mit den anderen Zutaten in einen Topf geben, zum Kochen bringen, abdecken und 30 Minuten kochen lassen. Nehmen Sie den Deckel ab und lassen Sie das Ganze unter häufigem Begießen weitere 15 Minuten köcheln. Abkühlen lassen und vor dem Servieren kalt stellen.

Krabbenfleisch mit Gurke

Für 4 Portionen

100 g / 4 oz Krabbenfleisch, Flocken
2 Gurken, geschält und gehackt
1 Scheibe Ingwerwurzel, gehackt
15 ml / 1 EL Sojasauce
30 ml/2 EL Weinessig
5 ml/1 TL Zucker
ein paar Tropfen Sesamöl

Krabbenfleisch und Gurken in eine Schüssel geben. Restliche Zutaten vermischen, über die Krabbenfleischmischung gießen und gut vermischen. Vor dem Servieren abdecken und 30 Minuten im Kühlschrank lagern.

Marinierte Pilze

Für 4 Portionen

225 g Champignons

30 ml / 2 EL Sojasauce

15 ml / 1 EL Reiswein oder trockener Sherry

Prise Salz

ein paar Tropfen Tabasco-Sauce

ein paar Tropfen Sesamöl

Die Pilze in kochendem Wasser 2 Minuten blanchieren, abtropfen lassen und trocken tupfen. In eine Schüssel geben und mit den anderen Zutaten übergießen. Gut vermischen und vor dem Servieren im Kühlschrank aufbewahren.

Marinierte Knoblauchpilze

Für 4 Portionen

225 g Champignons

3 Knoblauchzehen, zerdrückt

30 ml / 2 EL Sojasauce

30 ml / 2 EL Reiswein oder trockener Sherry

15 ml / 1 EL Sesamöl

Prise Salz

Pilze und Knoblauch in ein Sieb geben, mit kochendem Wasser übergießen und 3 Minuten stehen lassen. Abtropfen lassen und gut trocknen. Die restlichen Zutaten vermischen, die Marinade über die Pilze gießen und 1 Stunde marinieren.

Garnelen und Blumenkohl

Für 4 Portionen

225 g Blumenkohlröschen

100 g geschälte Garnelen

15 ml / 1 EL Sojasauce

5 ml/1 TL Sesamöl

Den Blumenkohl etwa 5 Minuten kochen, bis er weich, aber noch knusprig ist. Mit Garnelen vermischen, mit Sojasauce und Sesamöl bestreuen und vermischen. Vor dem Servieren abkühlen lassen.

Schinkenstangen mit Sesam

Für 4 Portionen

225 g Schinken, in Streifen geschnitten

10 ml/2 TL Sojasauce

2,5 ml/¬Ω TL Sesamöl

Den Schinken auf einem Servierteller anrichten. Sojasauce und Sesamöl vermischen, über den Schinken streuen und servieren.

kalter Tofu

Für 4 Portionen

450 g / 1 Pfund Tofu, in Scheiben geschnitten

45 ml / 3 EL Sojasauce

45 ml / 3 EL Erdnussöl (Erdnuss)

frisch gemahlener Pfeffer

Den Tofu nach und nach in ein Sieb geben und 40 Sekunden lang in kochendes Wasser tauchen, dann abtropfen lassen und auf einem Servierteller anrichten. Abkühlen lassen. Sojasauce und Öl vermischen, den Tofu darüberstreuen und mit Pfeffer bestreut servieren.

Huhn mit Speck

Für 4 Portionen

225 g / 8 oz Hähnchen, sehr dünn geschnitten

75 ml / 5 EL Sojasauce

15 ml / 1 EL Reiswein oder trockener Sherry

1 Knoblauchzehe, zerdrückt

15 ml / 1 EL brauner Zucker

5 ml/1 TL Salz

5 ml/1 TL gehackte Ingwerwurzel

225 g magerer Speck, gewürfelt

100 g Wasserkastanien, sehr dünn geschnitten

30 ml/2 EL Honig

Legen Sie das Huhn in eine Schüssel. 45 ml / 3 EL Sojasauce mit Wein oder Sherry, Knoblauch, Zucker, Salz und Ingwer vermischen, über das Hähnchen gießen und ca. 3 Stunden marinieren. Hähnchen, Speck und Kastanien auf die Schaschlikspieße stecken. Den Rest der Sojasauce mit dem Honig vermischen und die Spieße damit bestreichen. Auf einem heißen Grill ca. 10 Minuten grillen (grillen), bis sie gar sind, dabei häufig wenden und beim Garen mit mehr Glasur bestreichen.

Gebratenes Huhn und Banane

Für 4 Portionen
2 gekochte Hähnchenbrust
2 feste Bananen
6 Scheiben Brot
4 Eier
120 ml/4 fl oz/¬Ω Tasse Milch
50 g/2 oz/¬Ω Tasse einfaches Mehl (Allzweck)
225 g / 8 oz / 4 Tassen frische Semmelbrösel
Frittieröl

Das Hähnchen in 24 Stücke schneiden. Schälen Sie die Bananen und schneiden Sie sie der Länge nach in Viertel. Schneiden Sie jedes Viertel in Drittel, so dass 24 Stücke entstehen. Schneiden Sie die Kruste vom Brot ab und schneiden Sie es in Viertel. Eier und Milch verquirlen und eine Seite des Brotes bestreichen. Auf die mit Ei bestrichene Seite jedes Brotstücks ein Stück Hühnchen und ein Stück Banane legen. Die Quadrate leicht in Mehl wälzen, in Ei tauchen und in Semmelbröseln wälzen. Nochmals in Ei und Semmelbröseln wenden. Das Öl erhitzen und jeweils ein paar Quadrate goldbraun braten. Vor dem Servieren auf Küchenpapier abtropfen lassen.

Huhn mit Ingwer und Pilzen

Für 4 Portionen

225 g Hähnchenbrustfilets

5 ml/1 TL Fünf-Gewürze-Pulver

15 ml / 1 EL Mehl (Allzweckmehl)

120 ml/4 fl oz/¬Ω Tasse Erdnussöl (Erdnuss)

4 Schalotten, halbiert

1 Knoblauchzehe, in Scheiben geschnitten

1 Scheibe Ingwerwurzel, gehackt

25 g Cashewnüsse

5 ml/1 TL Honig

15 ml / 1 Esslöffel Reismehl

75 ml / 5 EL Reiswein oder trockener Sherry

100 g Champignons, in Viertel geschnitten

2,5 ml/¬Ω Teelöffel Safran

6 gelbe Paprika halbieren

5 ml/1 TL Sojasauce

¬Ω Zitronensaft

Salz und Pfeffer

4 knackige Salatblätter

Die Hähnchenbrust quer zur Faser in dünne Streifen schneiden. Mit Fünf-Gewürze-Pulver bestreuen und leicht mit Mehl bestäuben. 15 ml/1 EL Öl erhitzen und das Hähnchen darin goldbraun braten. Aus der Pfanne nehmen. Etwas mehr Öl erhitzen und Zwiebel, Knoblauch, Ingwer und Cashewnüsse 1 Minute anbraten. Den Honig hinzufügen und rühren, bis das Gemüse bedeckt ist. Mit Mehl bestäuben und Wein oder Sherry hinzufügen. Pilze, Safran und Pfeffer hinzufügen und 1 Minute kochen lassen. Hähnchen, Sojasauce, die Hälfte des Zitronensafts, Salz und Pfeffer hinzufügen und erhitzen. Aus der Pfanne nehmen und warm halten. Noch etwas Olivenöl erhitzen, die Salatblätter dazugeben und kurz anbraten, mit Salz und Pfeffer und dem restlichen Limettensaft würzen. Die Salatblätter auf einer vorgewärmten Platte anrichten,

Huhn und Schinken

Für 4 Portionen

225 g / 8 oz Hähnchen, sehr dünn geschnitten

75 ml / 5 EL Sojasauce

15 ml / 1 EL Reiswein oder trockener Sherry

15 ml / 1 EL brauner Zucker

5 ml/1 TL gehackte Ingwerwurzel

1 Knoblauchzehe, zerdrückt

225 g gekochter Schinken, gewürfelt

30 ml/2 EL Honig

Geben Sie das Huhn in eine Schüssel mit 45 ml/3 EL Sojasauce, Wein oder Sherry, Zucker, Ingwer und Knoblauch. 3 Stunden marinieren lassen. Hähnchen und Schinken auf die Schaschlikspieße stecken. Den Rest der Sojasauce mit dem Honig vermischen und die Spieße damit bestreichen. Auf einem heißen Grill etwa 10 Minuten grillen (grillen), dabei häufig wenden und während des Garens mit der Glasur bestreichen.

Gegrillte Hühnerleber

Für 4 Portionen

450 g / 1 Pfund Hühnerleber

45 ml / 3 EL Sojasauce

15 ml / 1 EL Reiswein oder trockener Sherry

15 ml / 1 EL brauner Zucker

5 ml / 1 TL Salz

5 ml / 1 TL gehackte Ingwerwurzel

1 Knoblauchzehe, zerdrückt

Die Hühnerleber in kochendem Wasser 2 Minuten kochen und gut abtropfen lassen. Mit allen restlichen Zutaten bis auf das Öl in eine Schüssel geben und etwa 3 Stunden marinieren. Hähnchenleber auf Schaschlikspieße stecken und auf dem heißen Grill ca. 8 Minuten goldbraun grillen.

Krabbenbällchen mit Wasserkastanien

Für 4 Portionen

450 g/1 Pfund Krabbenfleisch, gehackt

100 g Wasserkastanien, gehackt

1 Knoblauchzehe, zerdrückt

1 cm/½ geschnittene Ingwerwurzel, gehackt

45 ml / 3 EL Maismehl (Maisstärke)

30 ml / 2 EL Sojasauce

15 ml / 1 EL Reiswein oder trockener Sherry

5 ml/1 TL Salz

5 ml/1 TL Zucker

3 geschlagene Eier

Frittieröl

Alle Zutaten außer Öl vermischen und kleine Kugeln formen. Das Öl erhitzen und die Krabbenbällchen goldbraun braten. Vor dem Servieren gut abtropfen lassen.

dimsum

Für 4 Portionen

100 g geschälte Garnelen, gehackt

225 g mageres Schweinefleisch, fein gehackt

50 g Chinakohl, fein gehackt

3 Frühlingszwiebeln (Frühlingszwiebeln), gehackt

1 Ei, geschlagen

30 ml / 2 EL Maismehl (Maisstärke)

10 ml/2 TL Sojasauce

5 ml/1 TL Sesamöl

5 ml/1 TL Austernsauce

24 Wan-Tan-Häute

Frittieröl

Garnelen, Schweinefleisch, Kohl und Frühlingszwiebeln unterrühren. Ei, Maismehl, Sojasauce, Sesamöl und Austernsauce verquirlen. Geben Sie einen Löffel der Mischung in die Mitte jeder Wan-Tan-Haut. Drücken Sie die Hüllen vorsichtig um die Füllung herum, stecken Sie die Ränder ein, lassen Sie die Oberseiten jedoch offen. Erhitzen Sie das Öl und braten Sie die Dim Sums nacheinander goldbraun an. Gut abtropfen lassen und heiß servieren.

Schinken- und Hähnchenröllchen

Für 4 Portionen

2 Hähnchenbrust

1 Knoblauchzehe, zerdrückt

2,5 ml/¬Ω Teelöffel Salz

2,5 ml/¬Ω TL Fünf-Gewürze-Pulver

4 Scheiben Kochschinken

1 Ei, geschlagen

30 ml / 2 Esslöffel Milch

25 g / 1 oz / ¬° Tasse Allzweckmehl

4 Eierbrötchenschalen

Frittieröl

Die Hähnchenbrüste halbieren. Mahlen Sie sie, bis sie sehr fein sind. Knoblauch, Salz und Fünf-Gewürze-Pulver vermischen und über das Hähnchen streuen. Legen Sie eine Scheibe Prosciutto auf jedes Hähnchenstück und rollen Sie es fest auf. Ei und Milch verrühren. Die Hähnchenteile leicht mit Mehl bestreichen und in die Eimischung tauchen. Legen Sie jedes Stück auf die Haut einer Frühlingsrolle und bestreichen Sie die Ränder mit geschlagenem Ei. Die Seiten einschlagen und aufrollen, dabei die

Ränder zusammendrücken, um sie zu verschließen. Das Öl erhitzen und die Brötchen etwa 5 Minuten goldbraun braten

braun und gekocht. Auf Küchenpapier abtropfen lassen und zum Servieren diagonal in dicke Scheiben schneiden.

Rezepte für gebackenen Schinken

Für 4 Portionen

350 g / 12 oz / 3 Tassen einfaches Mehl (Allzweckmehl)

175 g Butter

120 ml/4 fl oz/¬Ω Tasse Wasser

225 g Schinken, gehackt

100 g Bambussprossen, gehackt

2 Frühlingszwiebeln (Frühlingszwiebeln), gehackt

15 ml / 1 EL Sojasauce

30 ml / 2 EL Sesamkörner

Geben Sie das Mehl in eine Schüssel und verreiben Sie es mit der Butter. Das Wasser zu einem Teig verrühren. Den Teig ausrollen und in 5 cm/2 Kreise schneiden. Alle restlichen Zutaten außer den Sesamkörnern vermischen und in jeden Kreis einen Löffel geben. Die Teigränder mit Wasser bestreichen und verschließen. Die Außenseite mit Wasser bestreichen und mit Sesamkörnern bestreuen. Im vorgeheizten Backofen bei 180 °C/350 °F/Gas Stufe 4 30 Minuten backen.

Geräucherter Fisch

Für 4 Portionen

1 Wolfsbarsch

3 Scheiben Ingwerwurzel, in Scheiben geschnitten

1 Knoblauchzehe, zerdrückt

1 Schalotte (Frühlingszwiebeln), in dicke Scheiben geschnitten

75 ml / 5 EL Sojasauce

30 ml / 2 EL Reiswein oder trockener Sherry

2,5 ml/¬Ω TL gemahlener Anis

2,5 ml/¬Ω TL Sesamöl

10 ml / 2 Teelöffel Zucker

120 ml/4 fl oz/¬Ω Tasse Brühe

Frittieröl

5 ml / 1 TL Maismehl (Maisstärke)

Den Fisch putzen und gegen die Faserrichtung in 5 mm dicke Scheiben schneiden. Ingwer, Knoblauch, Schnittlauch, 60 ml/4 EL Sojasauce, Sherry, Anis und Sesamöl unterrühren. Über den Fisch gießen und vorsichtig vermischen. 2 Stunden stehen lassen, dabei gelegentlich wenden.

Lassen Sie die Marinade in eine Pfanne abtropfen und trocknen Sie den Fisch auf Küchenpapier. Zucker, Brühe und restliche Sojasauce hinzufügen

marinieren, zum Kochen bringen und 1 Minute kochen lassen. Wenn die Soße andicken soll, die Speisestärke mit etwas kaltem Wasser verrühren, in die Soße einrühren und unter Rühren kochen, bis die Soße andickt.

In der Zwischenzeit das Öl erhitzen und den Fisch goldbraun braten. Gut trocknen. Die Fischstücke in die Marinade tauchen und auf einem vorgewärmten Teller anrichten. Heiß oder kalt servieren.

gefüllte Pilze

Für 4 Portionen

12 große Kappen getrockneter Pilze

225 g / 8 oz Krabbenfleisch

3 Wasserkastanien, gehackt

2 Frühlingszwiebeln (Frühlingszwiebeln), fein gehackt

1 Eiweiß

15 ml / 1 EL Maismehl (Maisstärke)

15 ml / 1 EL Sojasauce

15 ml / 1 EL Reiswein oder trockener Sherry

Die Pilze über Nacht in warmem Wasser einweichen. Auspressen. Die restlichen Zutaten vermischen und zum Füllen der Pilzköpfe verwenden. Auf einer Platte anrichten und 40 Minuten dämpfen. Heiß servieren.

Pilze in Austernsauce

Für 4 Portionen

10 chinesische getrocknete Pilze
250 ml / 8 fl oz / 1 Tasse Rinderbrühe
15 ml / 1 EL Maismehl (Maisstärke)
30 ml / 2 EL Austernsauce
5 ml/1 TL Reiswein oder trockener Sherry

Die Pilze 30 Minuten lang in warmem Wasser einweichen und abtropfen lassen. Dabei 250 ml/8 fl oz/1 Tasse Einweichflüssigkeit auffangen. Entsorgen Sie die Stiele. 60 ml/4 Esslöffel der Rinderbrühe mit der Speisestärke verrühren, bis eine Paste entsteht. Den Rest der Rinderbrühe mit den Pilzen und der Pilzflüssigkeit aufkochen, abdecken und 20 Minuten kochen lassen. Die Pilze mit einem Schaumlöffel aus der Flüssigkeit nehmen und auf einem heißen Teller anrichten. Austernsauce und Sherry in die Pfanne geben und unter Rühren 2 Minuten kochen lassen. Die Speisestärke einrühren und unter Rühren kochen, bis die Soße eindickt. Über die Pilze gießen und sofort servieren.

Schweinefleisch- und Salatröllchen

Für 4 Portionen

4 chinesische getrocknete Pilze

15 ml / 1 EL Erdnussöl

225 g / 8 oz mageres Schweinefleisch, gehackt

100 g Bambussprossen, gehackt

100 g Wasserkastanien, gehackt

4 Frühlingszwiebeln (Frühlingszwiebeln), gehackt

175 g / 6 oz Krabbenfleisch, in Flocken

30 ml / 2 EL Reiswein oder trockener Sherry

15 ml / 1 EL Sojasauce

10 ml/2 TL Austernsauce

10 ml/2 TL Sesamöl

9 chinesische Blätter

Die Pilze 30 Minuten in warmem Wasser einweichen und abtropfen lassen. Die Stiele entfernen und die Spitzen hacken. Das Öl erhitzen und das Schweinefleisch 5 Minuten braten. Pilze, Bambussprossen, Wasserkastanien, Frühlingszwiebeln und Krabbenfleisch hinzufügen und 2 Minuten anbraten. Wein oder Sherry, Sojasauce, Austernsauce und Sesamöl vermischen und in der Pfanne verrühren. Vom Feuer nehmen. In der Zwischenzeit die chinesischen Blätter 1 Minute lang in kochendem Wasser blanchieren und dann anschliessend blanchieren

Abfluss. Geben Sie einen Löffel der Schweinefleischmischung in die Mitte jedes Blechs, falten Sie die Seiten ein und rollen Sie es zum Servieren auf.

Fleischbällchen aus Schweinefleisch und Kastanien

Für 4 Portionen

450 g gehacktes Schweinefleisch (gemahlen)
50 g / 2 oz Champignons, fein gehackt
50 g Wasserkastanien, fein gehackt
1 Knoblauchzehe, zerdrückt
1 Ei, geschlagen
30 ml / 2 EL Sojasauce
15 ml / 1 EL Reiswein oder trockener Sherry
5 ml/1 TL gehackte Ingwerwurzel
5 ml/1 TL Zucker
Salz
30 ml / 2 EL Maismehl (Maisstärke)
Frittieröl

Alle Zutaten bis auf das Maismehl vermischen und daraus kleine Kugeln formen. Maismehl einrollen. Das Öl erhitzen und die Fleischbällchen darin etwa 10 Minuten goldbraun braten. Vor dem Servieren gut abtropfen lassen.

Schweineknödel

Für 4 bis 6 Personen
450 g / 1 Pfund einfaches Mehl (Allzweck)
500 ml / 17 fl oz / 2 Tassen Wasser
450 g/1 Pfund gekochtes Schweinefleisch, gehackt
225 g geschälte Garnelen, gehackt
4 Selleriestangen, gehackt
15 ml / 1 EL Sojasauce
15 ml / 1 EL Reiswein oder trockener Sherry
15 ml / 1 EL Sesamöl
5 ml/1 TL Salz
2 Frühlingszwiebeln (Frühlingszwiebeln), fein gehackt
2 Knoblauchzehen, zerdrückt
1 Scheibe Ingwerwurzel, gehackt

Mehl und Wasser vermischen, bis ein weicher Teig entsteht, und gut durchkneten. Abdecken und 10 Minuten ruhen lassen. Den Teig so dünn wie möglich ausrollen und in 5 cm/2 Kreise schneiden. Alle restlichen Zutaten vermischen. Geben Sie einen Löffel der Mischung in jeden Kreis, befeuchten Sie die Ränder und schließen Sie ihn zu einem Halbkreis. Einen Topf Wasser zum Kochen bringen und die Knödel vorsichtig hineinlegen.

Schweine- und Kalbfleischpasteten

Für 4 Portionen

100 g gehacktes Schweinefleisch (gemahlen)

100 g gehacktes Kalbfleisch (gemahlen)

1 Scheibe durchwachsener Speck, gehackt (gemahlen)

15 ml / 1 EL Sojasauce

Salz und Pfeffer

1 Ei, geschlagen

30 ml / 2 EL Maismehl (Maisstärke)

Frittieröl

Hackfleisch und Speck vermischen und mit Salz und Pfeffer würzen. Das Ei dazugeben, walnussgroße Kugeln daraus formen und mit Maismehl bestäuben. Das Öl erhitzen und goldbraun braten. Vor dem Servieren gut abtropfen lassen.

Schmetterlingsgarnelen

Für 4 Portionen

450 g geschälte große Garnelen
15 ml / 1 EL Sojasauce
5 ml/1 TL Reiswein oder trockener Sherry
5 ml/1 TL gehackte Ingwerwurzel
2,5 ml/½ Teelöffel Salz
2 Eier, geschlagen
30 ml / 2 EL Maismehl (Maisstärke)
15 ml / 1 EL Mehl (Allzweckmehl)
Frittieröl

Schneiden Sie die Garnelen auf der halben Rückseite ein und verteilen Sie sie so, dass eine Schmetterlingsform entsteht. Sojasauce, Wein oder Sherry, Ingwer und Salz einrühren. Über die Garnelen gießen und 30 Minuten marinieren. Aus der Marinade nehmen und trocknen. Das Ei mit Maismehl und Mehl zu einem Teig verrühren und die Garnelen darin wenden. Das Öl erhitzen und die Garnelen goldbraun braten. Vor dem Servieren gut abtropfen lassen.

chinesische Garnelen

Für 4 Portionen

450 g/1 Pfund geschälte Garnelen
30 ml/2 EL Worcestershire-Sauce
15 ml / 1 EL Sojasauce
15 ml / 1 EL Reiswein oder trockener Sherry
15 ml / 1 EL brauner Zucker

Die Garnelen in eine Schüssel geben. Die restlichen Zutaten vermischen, über die Garnelen gießen und 30 Minuten marinieren. Auf ein Backblech legen und im vorgeheizten Backofen bei 150°C/300°F/Gas Stufe 2 25 Minuten backen. Heiß oder kalt in Schalen servieren, damit die Gäste sie schälen können.

Garnelencracker

Für 4 Portionen

100 g Garnelencracker

Frittieröl

Das Öl erhitzen, bis es sehr heiß ist. Fügen Sie jeweils eine Handvoll Garnelencracker hinzu und braten Sie sie einige Sekunden lang, bis sie aufgebläht sind. Aus dem Öl nehmen und auf Küchenpapier abtropfen lassen, während die Cracker weiter gebraten werden.

Knusprige Garnelen

Für 4 Portionen

450 g/1 Pfund geschälte Riesengarnelen

15 ml / 1 EL Reiswein oder trockener Sherry

10 ml/2 TL Sojasauce

5 ml/1 TL Fünf-Gewürze-Pulver

Salz und Pfeffer

90 ml / 6 EL Maismehl (Maisstärke)

2 Eier, geschlagen

100 g Semmelbrösel

Erdnussöl zum Braten

Die Garnelen mit Wein oder Sherry, Sojasauce und Fünf-Gewürze-Pulver vermengen und mit Salz und Pfeffer würzen. Durch das Maismehl streichen und durch das geschlagene Ei und die Semmelbrösel streichen. In heißem Öl einige Minuten braten, bis sie leicht gebräunt sind, abtropfen lassen und sofort servieren.

Garnelen mit Ingwersauce

Für 4 Portionen

15 ml / 1 EL Sojasauce

5 ml/1 TL Reiswein oder trockener Sherry

5 ml/1 TL Sesamöl

450 g/1 Pfund geschälte Garnelen

30 ml / 2 Esslöffel gehackte frische Petersilie

15 ml / 1 EL Weinessig

5 ml/1 TL gehackte Ingwerwurzel

Sojasauce, Wein oder Sherry und Sesamöl einrühren. Über die Garnelen gießen, abdecken und 30 Minuten marinieren. Die Garnelen einige Minuten grillen, bis sie gar sind, und mit der Marinade begießen. In der Zwischenzeit Petersilie, Weinessig und Ingwer vermischen und zu den Garnelen servieren.

Garnelen- und Nudelröllchen

Für 4 Portionen

50 g Eiernudeln, in Stücke gebrochen
15 ml / 1 EL Erdnussöl
50 g mageres Schweinefleisch, fein gehackt
100 g/4 oz Pilze, gehackt
3 Frühlingszwiebeln (Frühlingszwiebeln), gehackt
100 g geschälte Garnelen, gehackt
15 ml / 1 EL Reiswein oder trockener Sherry
Salz und Pfeffer
24 Wan-Tan-Häute
1 Ei, geschlagen
Frittieröl

Die Nudeln 5 Minuten in kochendem Wasser kochen, abgießen und hacken. Das Öl erhitzen und das Schweinefleisch 4 Minuten braten. Pilze und Zwiebeln dazugeben, 2 Minuten anbraten und vom Herd nehmen. Garnelen, Wein oder Sherry und Nudeln unterrühren und mit Salz und Pfeffer abschmecken. Geben Sie einen Löffel der Mischung in die Mitte jeder Wan-Tan-Haut und bestreichen Sie die Ränder mit geschlagenem Ei. Falten Sie die

Ränder, rollen Sie die Hüllen auf und verschließen Sie die Ränder. Das Öl erhitzen und die Brötchen darin anbraten

Nach und nach ca. 5 Minuten backen, bis sie goldbraun sind. Vor dem Servieren auf Küchenpapier abtropfen lassen.

Garnelentoast

Für 4 Portionen

2 Eier 450 g/1 Pfund geschälte Garnelen, gehackt
15 ml / 1 EL Maismehl (Maisstärke)
1 Zwiebel, fein gehackt
30 ml / 2 EL Sojasauce
15 ml / 1 EL Reiswein oder trockener Sherry
5 ml/1 TL Salz
5 ml/1 TL gehackte Ingwerwurzel
8 Scheiben Brot, in Dreiecke geschnitten
Frittieröl

1 Ei mit allen restlichen Zutaten außer Brot und Öl verrühren. Die Mischung in die Brotdreiecke geben und zu einer Kuppel drücken. Mit dem restlichen Ei bestreichen. Etwa 5 cm Öl erhitzen und die Brotdreiecke goldbraun braten. Vor dem Servieren gut abtropfen lassen.

Wontons aus Schweinefleisch und Garnelen mit süß-saurer Soße

Für 4 Portionen

120 ml/4 fl oz/½ Tasse Wasser

60 ml/4 EL Weinessig

60 ml / 4 EL brauner Zucker

30 ml / 2 Esslöffel Tomatenpüree (Paste)

10 ml / 2 TL Maismehl (Maisstärke)

25 g Pilze, gehackt

25 g geschälte Garnelen, gehackt

50 g mageres Schweinefleisch, gehackt

2 Frühlingszwiebeln (Frühlingszwiebeln), gehackt

5 ml/1 TL Sojasauce

2,5 ml/½ TL geriebene Ingwerwurzel

1 Knoblauchzehe, zerdrückt

24 Wan-Tan-Häute

Frittieröl

Wasser, Weinessig, Zucker, Tomatenpüree und Maismehl in einem kleinen Topf vermischen. Unter ständigem Rühren zum Kochen bringen und 1 Minute kochen lassen. Vom Herd nehmen und warm halten.

Pilze, Garnelen, Schweinefleisch, Frühlingszwiebeln, Sojasauce, Ingwer und Knoblauch unterrühren. Geben Sie einen Löffel Füllung in jede Haut, bestreichen Sie die Ränder mit Wasser und drücken Sie sie fest. Das Öl erhitzen und die Wontons nacheinander goldbraun braten. Auf Küchenpapier abtropfen lassen und heiß mit süß-saurer Soße servieren.

Hühnersuppe

Ergibt 2 Liter/3½ Punkte/8½ Tassen

1,5 kg gekochte oder rohe Hühnerknochen

450 g/1 Pfund Schweineknochen

1 cm/½ Stück Ingwerwurzel

3 Frühlingszwiebeln (Frühlingszwiebeln), in Scheiben geschnitten

1 Knoblauchzehe, zerdrückt

5 ml/1 TL Salz

2,25 Liter / 4 Teile / 10 Tassen Wasser

Alle Zutaten zum Kochen bringen, abdecken und 15 Minuten kochen lassen. Eventuelles Fett entfernen. Abdecken und 1 1/2 Stunden kochen lassen. Abseihen, abkühlen und abtropfen lassen. In kleinen Mengen einfrieren oder im Kühlschrank aufbewahren und innerhalb von 2 Tagen verbrauchen.

Sojasprossen und Schweinefleischsuppe

Für 4 Portionen

450 g Schweinefleisch, gewürfelt

1,5 l / 2½ Pt. / 6 Tassen Hühnerbrühe

5 Scheiben Ingwerwurzel

350 g Sojasprossen

15 ml / 1 Esslöffel Salz

Das Schweinefleisch 10 Minuten in kochendem Wasser blanchieren und abtropfen lassen. Die Brühe zum Kochen bringen und das Schweinefleisch und den Ingwer hinzufügen. Abdecken und 50 Minuten kochen lassen. Sojasprossen und Salz hinzufügen und 20 Minuten kochen lassen.

Abalone-Pilz-Suppe

Für 4 Portionen

60 ml / 4 EL Erdnussöl (Erdnuss)
100 g mageres Schweinefleisch, in Streifen geschnitten
225 g Abalone aus der Dose, in Streifen geschnitten
100 g Champignons, in Scheiben geschnitten
2 Selleriestangen, in Scheiben geschnitten
50 g Schinken, in Streifen geschnitten
2 Zwiebeln, in Scheiben geschnitten
1,5 l / 2½ pts / 6 Tassen Wasser
30 ml/2 EL Weinessig
45 ml / 3 EL Sojasauce
2 Scheiben Ingwerwurzel, gehackt
Salz und frisch gemahlener Pfeffer
15 ml / 1 EL Maismehl (Maisstärke)
45 ml / 3 Esslöffel Wasser

Das Öl erhitzen und Schweinefleisch, Abalone, Pilze, Sellerie, Schinken und Zwiebeln 8 Minuten braten. Wasser und Weinessig hinzufügen, zum Kochen bringen, abdecken und 20 Minuten kochen lassen. Sojasauce, Ingwer, Salz und Pfeffer hinzufügen. Mischen Sie das Maismehl, bis eine Paste entsteht

Wasser hinzufügen, in die Suppe einrühren und unter Rühren 5 Minuten kochen, bis die Suppe klar wird und eindickt.

Hühner- und Spargelsuppe

Für 4 Portionen

100 g Hähnchen, zerkleinert

2 Eiweiß

2,5 ml / ½ TL Salz

30 ml / 2 EL Maismehl (Maisstärke)

225 g Spargel, in 5 cm große Stücke geschnitten

100 g Sojasprossen

1,5 l / 2½ Pt. / 6 Tassen Hühnerbrühe

100 g Champignons

Das Hähnchen mit Eiweiß, Salz und Maismehl vermischen und 30 Minuten ruhen lassen. Das Hähnchen in kochendem Wasser etwa 10 Minuten garen, bis es gar ist, und gut abtropfen lassen. Den Spargel in kochendem Wasser 2 Minuten blanchieren und abtropfen lassen. Die Sojasprossen in kochendem Wasser 3 Minuten blanchieren und abtropfen lassen. Gießen Sie die Brühe in einen großen Topf und geben Sie Hühnchen, Spargel, Pilze und Sojasprossen hinzu. Zum Kochen bringen und mit Salz abschmecken. Einige Minuten kochen lassen, damit sich die Aromen entfalten können und das Gemüse zart, aber noch knackig ist.

Fleischsuppe

Für 4 Portionen

225 g / 8 oz Rinderhackfleisch (gemahlen)
15 ml / 1 EL Sojasauce
15 ml / 1 EL Reiswein oder trockener Sherry
15 ml / 1 EL Maismehl (Maisstärke)
1,2 l / 2 Pt. / 5 Tassen Hühnerbrühe
5 ml / 1 TL Chilisauce
Salz und Pfeffer
2 Eier, geschlagen
6 Frühlingszwiebeln (Frühlingszwiebeln), gehackt

Mischen Sie das Fleisch mit Sojasauce, Wein oder Sherry und Maismehl. Zur Brühe hinzufügen und nach und nach unter Rühren zum Feuer erhitzen. Die Chilisauce dazugeben und mit Salz und Pfeffer abschmecken, zugedeckt etwa 10 Minuten kochen lassen, dabei gelegentlich umrühren. Die Eier dazugeben und mit Schnittlauch bestreut servieren.

Chinesische Rindfleisch-Blatt-Suppe

Für 4 Portionen

200 g mageres Rindfleisch, in Streifen geschnitten

15 ml / 1 EL Sojasauce

15 ml / 1 EL Erdnussöl

1,5 l / 2½ Pkt. / 6 Tassen Rinderbrühe

5 ml/1 TL Salz

2,5 ml/½ TL Zucker

½ Kopf chinesische Blätter in Stücke schneiden

Das Fleisch mit Sojasauce und Öl vermischen und 30 Minuten marinieren, dabei gelegentlich umrühren. Die Brühe mit Salz und Zucker zum Kochen bringen, die Chinablätter hinzufügen und etwa 10 Minuten kochen lassen, bis sie fast gar sind. Das Fleisch hinzufügen und weitere 5 Minuten anbraten.

Krautsuppe

Für 4 Portionen

60 ml / 4 EL Erdnussöl (Erdnuss)
2 Zwiebeln, gehackt
100 g mageres Schweinefleisch, in Streifen geschnitten
225 g / 8 oz Chinakohl, gehackt
10 ml / 2 Teelöffel Zucker
1,2 l / 2 Pt. / 5 Tassen Hühnerbrühe
45 ml / 3 EL Sojasauce
Salz und Pfeffer
15 ml / 1 EL Maismehl (Maisstärke)

Das Öl erhitzen und die Zwiebeln und das Schweinefleisch anbraten, bis sie leicht gebräunt sind. Kohl und Zucker dazugeben und 5 Minuten anbraten. Brühe und Sojasauce hinzufügen und mit Salz und Pfeffer abschmecken. Zum Kochen bringen, abdecken und 20 Minuten langsam kochen lassen. Maismehl mit etwas Wasser vermischen, in die Suppe einrühren und unter Rühren kochen, bis die Suppe eindickt und klar wird.

Scharfe Rindfleischsuppe

Für 4 Portionen

45 ml / 3 EL Erdnussöl (Erdnuss)

1 Knoblauchzehe, zerdrückt

5 ml/1 TL Salz

225 g / 8 oz Rinderhackfleisch (gemahlen)

6 Frühlingszwiebeln (Frühlingszwiebeln), in Streifen geschnitten

1 rote Paprika, in Streifen geschnitten

1 grüne Paprika, in Streifen geschnitten

225 g / 8 oz Kohl, zerkleinert

1 l / 1¾ pts / 4¼ Tassen Rinderbrühe

30 ml / 2 EL Pflaumensauce

30 ml/2 EL Hoisinsauce

45 ml / 3 EL Sojasauce

2 Stücke gehackte Ingwerstange

2 Eier

5 ml/1 TL Sesamöl

225 g klare Nudeln, eingeweicht

Das Öl erhitzen und den Knoblauch und das Salz leicht goldbraun braten. Fleisch hinzufügen und schnell anbraten. Das

Gemüse dazugeben und glasig dünsten. Brühe, Pflaumensauce, Hoisinsauce hinzufügen, 30 ml/2

Esslöffel Sojasauce und Ingwer, anzünden und 10 Minuten kochen lassen. Die Eier mit dem Sesamöl und der restlichen Sojasauce verquirlen. Mit den Nudeln in die Suppe geben und unter Rühren kochen, bis sich aus den Eiern Fäden bilden und die Nudeln weich sind.

himmlische Suppe

Für 4 Portionen

2 Frühlingszwiebeln (Frühlingszwiebeln), gehackt

1 Knoblauchzehe, zerdrückt

30 ml / 2 Esslöffel gehackte frische Petersilie

5 ml/1 TL Salz

15 ml / 1 EL Erdnussöl

30 ml / 2 EL Sojasauce

1,5 l / 2½ pts / 6 Tassen Wasser

Schnittlauch, Knoblauch, Petersilie, Salz, Öl und Sojasauce vermischen. Das Wasser zum Kochen bringen, die Schnittlauchmischung darübergießen und 3 Minuten stehen lassen.

Hühner- und Bambussuppe

Für 4 Portionen

2 Hähnchenschenkel

30 ml / 2 EL Erdnussöl (Erdnuss)

5 ml/1 TL Reiswein oder trockener Sherry

1,5 l / 2½ Pt. / 6 Tassen Hühnerbrühe

3 Schnittlauch, in Scheiben geschnitten

100 g Bambussprossen, in Stücke geschnitten

5 ml/1 TL gehackte Ingwerwurzel

Salz

Das Hähnchen entbeinen und das Fleisch in Stücke schneiden. Das Öl erhitzen und das Hähnchen anbraten, bis es von allen Seiten braun ist. Brühe, Frühlingszwiebeln, Bambussprossen und Ingwer hinzufügen, zum Kochen bringen und etwa 20 Minuten kochen lassen, bis das Huhn zart ist. Vor dem Servieren mit Salz abschmecken.

Hühner- und Maissuppe

Für 4 Portionen

1 l / 1¾ pts / 4¼ Tassen Hühnerbrühe

100 g/4 oz Hähnchen, gehackt

200 g Zuckermaiscreme

Schinkenscheibe, gehackt

geschlagenen Eiern

15 ml / 1 EL Reiswein oder trockener Sherry

Brühe und Hühnchen zum Kochen bringen, abdecken und 15 Minuten kochen lassen. Mais und Schinken hinzufügen, abdecken und 5 Minuten kochen lassen. Geben Sie die Eier und den Sherry hinzu und rühren Sie langsam mit einem Essstäbchen um, sodass sich aus den Eiern Stränge bilden. Vom Herd nehmen, abdecken und vor dem Servieren 3 Minuten ruhen lassen.

Hühner-Ingwer-Suppe

Für 4 Portionen

4 chinesische getrocknete Pilze
1,5 l / 2½ pts / 6 Tassen Wasser oder Hühnerbrühe
225 g Hühnerfleisch, gewürfelt
10 Scheiben Ingwerwurzel
5 ml/1 TL Reiswein oder trockener Sherry
Salz

Die Pilze 30 Minuten in warmem Wasser einweichen und abtropfen lassen. Entsorgen Sie die Stiele. Bringen Sie das Wasser oder die Brühe mit den restlichen Zutaten zum Kochen und kochen Sie es etwa 20 Minuten lang langsam, bis das Huhn gar ist.

Chinesische Pilz-Hühnersuppe

Für 4 Portionen

25 g getrocknete chinesische Pilze
100 g Hähnchen, zerkleinert
50 g Bambussprossen, gehackt
30 ml / 2 EL Sojasauce
30 ml / 2 EL Reiswein oder trockener Sherry
1,2 l / 2 Pt. / 5 Tassen Hühnerbrühe

Die Pilze 30 Minuten in warmem Wasser einweichen und abtropfen lassen. Die Stiele entfernen und die Spitzen abschneiden. Pilze, Hähnchen und Bambussprossen 30 Sekunden in kochendem Wasser blanchieren und abtropfen lassen. In eine Schüssel geben und Sojasauce und Wein oder Sherry vermischen. 1 Stunde marinieren lassen. Brühe zum Kochen bringen, Hühnermischung und Marinade hinzufügen. Gut umrühren und einige Minuten kochen lassen, bis das Huhn gar ist.

Hühner- und Reissuppe

Für 4 Portionen

1 l / 1¾ pts / 4¼ Tassen Hühnerbrühe

225 g / 8 oz / 1 Tasse gekochter Langkornreis

100 g/4 oz gekochtes Hähnchen, in Streifen geschnitten

1 Zwiebel, in Spalten geschnitten

5 ml/1 TL Sojasauce

Alle Zutaten vorsichtig erhitzen, bis sie heiß sind, ohne die Suppe kochen zu lassen.

Hühner-Kokos-Suppe

Für 4 Portionen

350 g Hähnchenbrust

Salz

10 ml / 2 TL Maismehl (Maisstärke)

30 ml / 2 EL Erdnussöl (Erdnuss)

1 grüne Paprika, gehackt

1 l / 1¾ pts / 4¼ Tassen Kokosmilch

5 ml / 1 TL abgeriebene Zitronenschale

12 Litschis

Prise geriebene Muskatnuss

Salz und frisch gemahlener Pfeffer

2 Zitronengrasblätter

Hähnchenbrust quer zur Faser in Streifen schneiden. Mit Salz bestreuen und mit Maismehl bedecken. 10 ml/2 TL Öl im Wok erhitzen, schwenken und einschenken. Noch einmal wiederholen. Das restliche Öl erhitzen und das Hähnchen und die Paprika 1 Minute lang anbraten. Kokosmilch hinzufügen und zum Kochen bringen. Die Zitronenschale hinzufügen und 5 Minuten kochen lassen. Die Litschis dazugeben, mit Muskatnuss, Salz und Pfeffer würzen und mit Zitronengras garniert servieren.

Muschelsuppe

Für 4 Portionen

2 chinesische getrocknete Pilze
12 Muscheln, eingeweicht und gewaschen
1,5 l / 2½ Pt. / 6 Tassen Hühnerbrühe
50 g Bambussprossen, gehackt
50 g Zuckererbsen, halbiert
2 Frühlingszwiebeln (Frühlingszwiebeln), in Ringe geschnitten
15 ml / 1 EL Reiswein oder trockener Sherry
Prise frisch gemahlener Pfeffer

Die Pilze 30 Minuten in warmem Wasser einweichen und abtropfen lassen. Die Stiele entfernen und die Spitzen halbieren. Die Muscheln etwa 5 Minuten lang dämpfen, bis sie sich öffnen. Entsorgen Sie alle, die geschlossen bleiben. Entfernen Sie die Muscheln aus ihren Schalen. Die Brühe zum Kochen bringen und die Pilze, Bambussprossen, Zuckererbsen und Frühlingszwiebeln hinzufügen. Ohne Deckel 2 Minuten kochen lassen. Muscheln, Wein oder Sherry und Pfeffer hinzufügen und kochen, bis alles durchgeheizt ist.

Eiersuppe

Für 4 Portionen
1,2 l / 2 Pt. / 5 Tassen Hühnerbrühe
3 geschlagene Eier
45 ml / 3 EL Sojasauce
Salz und frisch gemahlener Pfeffer
4 Frühlingszwiebeln (Frühlingszwiebeln), in Scheiben geschnitten

Die Brühe zum Kochen bringen. Nach und nach die geschlagenen Eier untermischen, sodass sie sich in Stränge trennen. Die Sojasauce dazugeben und mit Salz und Pfeffer abschmecken. Mit Schnittlauch garniert servieren.

Krabben- und Jakobsmuschelsuppe

Für 4 Portionen
4 chinesische getrocknete Pilze
15 ml / 1 EL Erdnussöl
1 Ei, geschlagen
1,5 l / 2½ Pt. / 6 Tassen Hühnerbrühe
175 g / 6 oz Krabbenfleisch, in Flocken
100 g geschälte Jakobsmuscheln, in Scheiben geschnitten
100 g Bambussprossen, in Scheiben geschnitten
2 Frühlingszwiebeln (Frühlingszwiebeln), gehackt
1 Scheibe Ingwerwurzel, gehackt
einige gekochte und geschälte Garnelen (optional)
45 ml / 3 EL Maismehl (Maisstärke)
90 ml / 6 Esslöffel Wasser
30 ml / 2 EL Reiswein oder trockener Sherry
20 ml/4 TL Sojasauce
2 Eiweiß

Die Pilze 30 Minuten in warmem Wasser einweichen und abtropfen lassen. Die Stiele entfernen und die Spitzen in dünne Scheiben schneiden. Das Öl erhitzen, das Ei hinzufügen und die Pfanne kippen, sodass das Ei den Boden bedeckt. kochen bis

Dann wenden und auf der anderen Seite garen. Aus der Pfanne nehmen, aufrollen und in dünne Streifen schneiden.

Brühe zum Kochen bringen, Pilze, Eierstreifen, Krabbenfleisch, Jakobsmuscheln, Bambussprossen, Frühlingszwiebeln, Ingwer und Garnelen (falls verwendet) hinzufügen. Bringen Sie es wieder zum Kochen. Maisstärke mit 60 ml/4 EL Wasser, Wein oder Sherry und Sojasauce vermischen und in die Suppe einrühren. Unter Rühren kochen, bis die Suppe eindickt. Das Eiweiß mit dem restlichen Wasser verquirlen und die Mischung unter kräftigem Rühren langsam in die Suppe träufeln.

Krabbensuppe

Für 4 Portionen

90 ml / 6 EL Erdnussöl

3 Zwiebeln, gehackt

225 g / 8 oz weißes und braunes Krabbenfleisch

1 Scheibe Ingwerwurzel, gehackt

1,2 l / 2 Pt. / 5 Tassen Hühnerbrühe

150 ml/¼pt/Tasse Reiswein oder trockener Sherry

45 ml / 3 EL Sojasauce

Salz und frisch gemahlener Pfeffer

Das Öl erhitzen und die Zwiebeln anbraten, bis sie weich, aber nicht gebräunt sind. Krabbenfleisch und Ingwer dazugeben und 5 Minuten anbraten. Brühe, Wein oder Sherry und Sojasauce hinzufügen, mit Salz und Pfeffer würzen. Zum Kochen bringen und dann 5 Minuten kochen lassen.

Fischsuppe

Für 4 Portionen

225 g Fischfilets
1 Scheibe Ingwerwurzel, gehackt
15 ml / 1 EL Reiswein oder trockener Sherry
30 ml / 2 EL Erdnussöl (Erdnuss)
1,5 l / 2½ Pkt. / 6 Tassen Fischbrühe

Den Fisch an der Faser entlang in dünne Streifen schneiden. Ingwer, Wein oder Sherry und Öl einrühren, den Fisch dazugeben und vorsichtig verrühren. 30 Minuten marinieren lassen, dabei gelegentlich wenden. Die Brühe zum Kochen bringen, den Fisch dazugeben und 3 Minuten langsam kochen lassen.

Fisch- und Salatsuppe

Für 4 Portionen

225 g weiße Fischfilets
30 ml / 2 EL Mehl (Allzweckmehl)
Salz und frisch gemahlener Pfeffer
90 ml / 6 EL Erdnussöl
6 Frühlingszwiebeln (Frühlingszwiebeln), in Scheiben geschnitten
100 g / 4 oz Salat, zerkleinert
1,2 l / 2 pts / 5 Tassen Wasser
10 ml / 2 TL fein gehackte Ingwerwurzel
150 ml/¼ pt/großzügige ½ Tasse Reiswein oder trockener Sherry
30 ml / 2 EL Maismehl (Maisstärke)
30 ml / 2 Esslöffel gehackte frische Petersilie
10 ml / 2 TL Zitronensaft
30 ml / 2 EL Sojasauce

Den Fisch in dünne Streifen schneiden und in gewürztem Mehl wälzen. Das Öl erhitzen und den Schnittlauch darin anbraten, bis er weich ist. Salat hinzufügen und 2 Minuten braten. Den Fisch hinzufügen und 4 Minuten kochen lassen. Wasser, Ingwer und Wein oder Sherry hinzufügen, zum Kochen bringen, abdecken und 5 Minuten köcheln lassen. Maismehl mit etwas Wasser vermischen und in die Suppe einrühren. Unter Rühren weitere 4 Minuten kochen, bis die Suppe entsteht

putzen und mit Salz und Pfeffer würzen. Mit Petersilie, Zitronensaft und Sojasauce bestreut servieren.

Ingwersuppe mit Knödeln

Für 4 Portionen

5 cm / 2 Stück Ingwerwurzel, gerieben

350 g brauner Zucker

1,5 l / 2½ pts / 7 Tassen Wasser

225 g / 8 oz / 2 Tassen Reismehl

2,5 ml/½ TL Salz

60 ml / 4 Esslöffel Wasser

Ingwer, Zucker und Wasser in einen Topf geben und unter Rühren zum Kochen bringen. Abdecken und etwa 20 Minuten kochen lassen. Die Suppe abseihen und zurück in den Topf geben.

In der Zwischenzeit Mehl und Salz in eine Schüssel geben und nach und nach so viel Wasser unterkneten, dass ein dicker Teig entsteht. Zu kleinen Kugeln formen und die Knödel in die Suppe geben. Die Suppe wieder aufkochen lassen, abdecken und weitere 6 Minuten kochen lassen, bis die Knödel gar sind.

heiße und saure Suppe

Für 4 Portionen

8 chinesische getrocknete Pilze
1 l / 1¾ pts / 4¼ Tassen Hühnerbrühe
100 g Hähnchen, in Streifen geschnitten
100 g Bambussprossen, in Streifen geschnitten
100 g Tofu, in Streifen geschnitten
15 ml / 1 EL Sojasauce
30 ml/2 EL Weinessig
30 ml / 2 EL Maismehl (Maisstärke)
2 Eier, geschlagen
ein paar Tropfen Sesamöl

Die Pilze 30 Minuten in warmem Wasser einweichen und abtropfen lassen. Die Stiele entfernen und die Spitzen in Streifen schneiden. Pilze, Brühe, Hühnchen, Bambussprossen und Tofu zum Kochen bringen, abdecken und 10 Minuten kochen lassen. Sojasauce, Weinessig und Maismehl zu einer glatten Paste verrühren, in die Suppe einrühren und 2 Minuten kochen lassen, bis die Suppe durchscheinend ist. Eier und Sesamöl langsam hinzufügen und mit einem Essstäbchen umrühren. Vor dem Servieren abdecken und 2 Minuten ruhen lassen.

Pilz Suppe

Für 4 Portionen
15 chinesische getrocknete Pilze
1,5 l / 2½ Pt. / 6 Tassen Hühnerbrühe
5 ml/1 TL Salz

Die Pilze 30 Minuten in warmem Wasser einweichen, abgießen und die Flüssigkeit auffangen. Entfernen Sie die Stiele und schneiden Sie die Spitzen in zwei Hälften, wenn sie groß sind, und legen Sie sie in eine große hitzebeständige Schüssel. Stellen Sie die Schüssel auf einen Rost im Dampfgarer. Die Brühe zum Kochen bringen, über die Pilze gießen, zugedeckt 1 Stunde in kochendem Wasser dünsten. Mit Salz abschmecken und servieren.

Pilz- und Kohlsuppe

Für 4 Portionen

25 g getrocknete chinesische Pilze
15 ml / 1 EL Erdnussöl
50 g chinesische Blätter, gehackt
15 ml / 1 EL Reiswein oder trockener Sherry
15 ml / 1 EL Sojasauce
1,2 l / 2 Pts / 5 Tassen Hühner- oder Gemüsebrühe
Salz und frisch gemahlener Pfeffer
5 ml/1 TL Sesamöl

Die Pilze 30 Minuten in warmem Wasser einweichen und abtropfen lassen. Die Stiele entfernen und die Spitzen abschneiden. Erhitzen Sie das Öl und braten Sie die Pilze und chinesischen Blätter 2 Minuten lang an, bis sie gut bedeckt sind. Wein oder Sherry und Sojasauce einrühren und mit der Brühe aufgießen. Zum Kochen bringen, mit Salz und Pfeffer abschmecken und 5 Minuten kochen lassen. Vor dem Servieren mit Sesamöl bestreuen.

Pilz-Eiersuppe

Für 4 Portionen

1 l / 1¾ pts / 4¼ Tassen Hühnerbrühe

30 ml / 2 EL Maismehl (Maisstärke)

100 g Champignons, in Scheiben geschnitten

1 geschnittene Zwiebel, fein gehackt

Prise Salz

3 Tropfen Sesamöl

2,5 ml / ½ TL Sojasauce

1 Ei, geschlagen

Mischen Sie etwas Brühe mit dem Maismehl und vermischen Sie dann alle Zutaten bis auf das Ei. Zum Kochen bringen, abdecken und 5 Minuten kochen lassen. Fügen Sie das Ei hinzu und rühren Sie es mit einem Essstäbchen um, sodass sich aus dem Ei Stränge bilden. Vom Herd nehmen und vor dem Servieren 2 Minuten ruhen lassen.

Pilz- und Wasserkastaniensuppe

Für 4 Portionen

1 l / 1¾ PT / 4¼ Tassen Gemüsebrühe oder Wasser

2 Zwiebeln, fein gehackt

5 ml/1 TL Reiswein oder trockener Sherry

30 ml / 2 EL Sojasauce

225 g Champignons

100 g Wasserkastanien, in Scheiben geschnitten

100 g Bambussprossen, in Scheiben geschnitten

ein paar Tropfen Sesamöl

2 Salatblätter, in Stücke geschnitten

2 Frühlingszwiebeln (Frühlingszwiebeln), in Stücke geschnitten

Wasser, Zwiebel, Wein oder Sherry und Sojasauce zum Kochen bringen, abdecken und 10 Minuten köcheln lassen. Pilze, Wasserkastanien und Bambussprossen hinzufügen, abdecken und 5 Minuten kochen lassen. Sesamöl, Salatblätter und Schnittlauch hinzufügen, vom Herd nehmen, abdecken und vor dem Servieren 1 Minute ruhen lassen.

Schweinefleisch- und Pilzsuppe

Für 4 Portionen

60 ml / 4 EL Erdnussöl (Erdnuss)

1 Knoblauchzehe, zerdrückt

2 Zwiebeln, in Scheiben geschnitten

225 g mageres Schweinefleisch, in Streifen geschnitten

1 Selleriestange, gehackt

50 g Champignons, in Scheiben geschnitten

2 Karotten, in Scheiben geschnitten

1,2 l / 2 Pt. / 5 Tassen Rinderbrühe

15 ml / 1 EL Sojasauce

Salz und frisch gemahlener Pfeffer

15 ml / 1 EL Maismehl (Maisstärke)

Das Öl erhitzen und Knoblauch, Zwiebeln und Schweinefleisch anbraten, bis die Zwiebeln weich und leicht gebräunt sind. Sellerie, Pilze und Karotten dazugeben, abdecken und 10 Minuten langsam kochen lassen. Die Brühe zum Kochen bringen, mit der Sojasauce in die Pfanne geben und mit Salz und Pfeffer abschmecken. Mischen Sie das Maismehl mit etwas Wasser, rühren Sie es dann in die Pfanne und kochen Sie es unter Rühren etwa 5 Minuten lang.

Schweinefleisch-Brunnenkresse-Suppe

Für 4 Portionen

1,5 l / 2½ Pt. / 6 Tassen Hühnerbrühe
100 g mageres Schweinefleisch, in Streifen geschnitten
3 Selleriestangen, diagonal in Scheiben geschnitten
2 Frühlingszwiebeln (Frühlingszwiebeln), in Scheiben geschnitten
1 Bund Kresse
5 ml/1 TL Salz

Die Brühe zum Kochen bringen, Schweinefleisch und Sellerie hinzufügen, abdecken und 15 Minuten kochen lassen. Frühlingszwiebeln, Brunnenkresse und Salz hinzufügen und ohne Deckel etwa 4 Minuten kochen lassen.

Schweinefleisch-Gurken-Suppe

Für 4 Portionen

100 g mageres Schweinefleisch, in dünne Scheiben geschnitten
5 ml / 1 TL Maismehl (Maisstärke)
15 ml / 1 EL Sojasauce
15 ml / 1 EL Reiswein oder trockener Sherry
1 Gurke
1,5 l / 2½ Pt. / 6 Tassen Hühnerbrühe
5 ml/1 TL Salz

Schweinefleisch, Maismehl, Sojasauce und Wein oder Sherry unterrühren. Das Schweinefleisch damit bestreichen. Die Gurke schälen, der Länge nach halbieren und die Kerne entfernen. Dick aufschneiden. Die Brühe zum Kochen bringen, das Schweinefleisch hinzufügen, abdecken und 10 Minuten kochen lassen. Die Gurke dazugeben und einige Minuten kochen, bis sie glasig ist. Passen Sie das Salz an und fügen Sie nach Belieben noch etwas Sojasauce hinzu.

Suppe mit Schweinebällchen und Nudeln

Für 4 Portionen

50 g Reisnudeln

225 g / 8 oz gehacktes Schweinefleisch (gemahlen)

5 ml / 1 TL Maismehl (Maisstärke)

2,5 ml / ½ TL Salz

30 ml / 2 Esslöffel Wasser

1,5 l / 2½ Pt. / 6 Tassen Hühnerbrühe

1 Schalotte (Frühlingszwiebeln), fein gehackt

5 ml / 1 TL Sojasauce

Legen Sie die Nudeln zum Einweichen in kaltes Wasser, während Sie die Fleischbällchen zubereiten. Schweinefleisch, Maismehl, etwas Salz und Wasser vermischen und walnussgroße Kugeln formen. Einen Topf mit Wasser zum Kochen bringen, die Schweineknödel hineingeben und zugedeckt 5 Minuten kochen lassen. Gut abtropfen lassen und die Nudeln abtropfen lassen. Die Brühe zum Kochen bringen, die Schweinefleischbällchen und Nudeln dazugeben, abdecken und 5 Minuten kochen lassen. Schalotten, Sojasauce und restliches Salz hinzufügen und weitere 2 Minuten kochen lassen.

Spinat-Tofu-Suppe

Für 4 Portionen

1,2 l / 2 Pt. / 5 Tassen Hühnerbrühe

200 g / 7 oz Dosentomaten, abgetropft und gehackt

225 g Tofu, gewürfelt

225 g Spinat, gehackt

30 ml / 2 EL Sojasauce

5 ml / 1 TL brauner Zucker

Salz und frisch gemahlener Pfeffer

Die Brühe zum Kochen bringen, Tomaten, Tofu und Spinat hinzufügen und vorsichtig umrühren. Wieder erhitzen und 5 Minuten kochen lassen. Sojasauce und Zucker dazugeben und mit Salz und Pfeffer abschmecken. Vor dem Servieren 1 Minute kochen lassen.

Mais- und Krabbensuppe

Für 4 Portionen

1,2 l / 2 Pt. / 5 Tassen Hühnerbrühe

200 g Zuckermais

Salz und frisch gemahlener Pfeffer

1 Ei, geschlagen

200 g / 7 oz Krabbenfleisch, in Flocken

3 Schalotten, gehackt

Die Brühe zum Kochen bringen, den mit Salz und Pfeffer gewürzten Zuckermais hinzufügen. 5 Minuten anbraten. Kurz vor dem Servieren die Eier durch eine Gabel gießen und über die Suppe schwenken. Mit Krabbenfleisch und gehackten Schalotten bestreut servieren.

Szechuan-Suppe

Für 4 Portionen

4 chinesische getrocknete Pilze

1,5 l / 2½ Pt. / 6 Tassen Hühnerbrühe

75 ml/5 EL trockener Weißwein

15 ml / 1 EL Sojasauce

2,5 ml/½ TL Chilisauce

30 ml / 2 EL Maismehl (Maisstärke)

60 ml / 4 Esslöffel Wasser

100 g mageres Schweinefleisch, in Streifen geschnitten

50 g Kochschinken, in Streifen geschnitten

1 rote Paprika, in Streifen geschnitten

50 g Wasserkastanien, in Scheiben geschnitten

10 ml/2 TL Weinessig

5 ml/1 TL Sesamöl

1 Ei, geschlagen

100 g geschälte Garnelen

6 Frühlingszwiebeln (Frühlingszwiebeln), gehackt

175 g Tofu, gewürfelt

Die Pilze 30 Minuten in warmem Wasser einweichen und abtropfen lassen. Die Stiele entfernen und die Spitzen abschneiden. Bringen Sie Brühe, Wein und Soja mit

Sauce und Chilisauce zum Kochen bringen, abdecken und 5 Minuten kochen lassen. Das Maismehl mit der Hälfte des Wassers vermischen und unter Rühren in die Suppe einrühren, bis die Suppe eindickt. Pilze, Schweinefleisch, Schinken, Pfeffer und Wasserkastanien hinzufügen und 5 Minuten kochen lassen. Weinessig und Sesamöl hinzufügen. Das Ei mit dem restlichen Wasser verquirlen und unter kräftigem Rühren in die Suppe gießen. Garnelen, Frühlingszwiebeln und Tofu hinzufügen und einige Minuten erhitzen.

Tofu-Suppe

Für 4 Portionen

1,5 l / 2½ Pt. / 6 Tassen Hühnerbrühe

225 g Tofu, gewürfelt

5 ml/1 TL Salz

5 ml/1 TL Sojasauce

Die Brühe zum Kochen bringen und Tofu, Salz und Sojasauce hinzufügen. Einige Minuten kochen lassen, bis der Tofu durchgewärmt ist.

Tofu- und Fischsuppe

Für 4 Portionen

225 g / 8 oz Weißfischfilet, in Streifen geschnitten
150 ml/¼ pt/großzügige ½ Tasse Reiswein oder trockener Sherry
10 ml / 2 TL fein gehackte Ingwerwurzel
45 ml / 3 EL Sojasauce
2,5 ml/½ TL Salz
60 ml / 4 EL Erdnussöl (Erdnuss)
2 Zwiebeln, gehackt
100 g Champignons, in Scheiben geschnitten
1,2 l / 2 Pt. / 5 Tassen Hühnerbrühe
100 g Tofu, gewürfelt
Salz und frisch gemahlener Pfeffer

Den Fisch in eine Schüssel geben. Wein oder Sherry, Ingwer, Sojasauce und Salz vermischen und über den Fisch gießen. 30 Minuten marinieren lassen. Das Öl erhitzen und die Zwiebel 2 Minuten anbraten. Die Pilze hinzufügen und weiterbraten, bis die Zwiebeln weich, aber nicht gebräunt sind. Fisch und Marinade hinzufügen, zum Kochen bringen, abdecken und 5 Minuten kochen lassen. Brühe hinzufügen, zum Kochen bringen, abdecken und 15 Minuten kochen lassen. Den Tofu dazugeben und mit Salz und Pfeffer abschmecken. Kochen, bis der Tofu gar ist.

Tomatensuppe

Für 4 Portionen

400 g / 14 oz Dosentomaten, abgetropft und gehackt
1,2 l / 2 Pt. / 5 Tassen Hühnerbrühe
1 Scheibe Ingwerwurzel, gehackt
15 ml / 1 EL Sojasauce
15 ml / 1 EL Chilisauce
10 ml / 2 Teelöffel Zucker

Alle Zutaten in einen Topf geben und unter gelegentlichem Rühren langsam aufkochen. Vor dem Servieren etwa 10 Minuten kochen lassen.

Tomaten-Spinat-Suppe

Für 4 Portionen

1,2 l / 2 Pt. / 5 Tassen Hühnerbrühe

225 g gewürfelte Tomaten aus der Dose

225 g Tofu, gewürfelt

225 g Spinat

30 ml / 2 EL Sojasauce

Salz und frisch gemahlener Pfeffer

2,5 ml/½ TL Zucker

2,5 ml/½ TL Reiswein oder trockener Sherry

Die Brühe zum Kochen bringen, dann Tomaten, Tofu und Spinat hinzufügen und 2 Minuten kochen lassen. Die restlichen Zutaten hinzufügen und 2 Minuten kochen lassen, gut umrühren und servieren.

Rübensuppe

Für 4 Portionen

1 l / 1¾ pts / 4¼ Tassen Hühnerbrühe

1 große Rübe, in dünne Scheiben geschnitten

200 g mageres Schweinefleisch, in dünne Scheiben geschnitten

15 ml / 1 EL Sojasauce

60 ml / 4 EL Cognac

Salz und frisch gemahlener Pfeffer

4 Schalotten, fein gehackt

Die Brühe zum Kochen bringen, Rüben und Schweinefleisch dazugeben, zugedeckt 20 Minuten kochen lassen, bis die Rüben zart und das Fleisch gar sind. Sojasauce und Brandy nach Geschmack hinzufügen. Kochen, bis es heiß serviert wird, mit Schalotten bestreut.

Gemüsesuppe

Für 4 Portionen

6 chinesische getrocknete Pilze
1 l / 1¾ Pt. / 4¼ Tassen Gemüsebrühe
50 g Bambussprossen, in Streifen geschnitten
50 g Wasserkastanien, in Scheiben geschnitten
8 Zuckerschoten, in Scheiben geschnitten
5 ml/1 TL Sojasauce

Die Pilze 30 Minuten in warmem Wasser einweichen und abtropfen lassen. Die Stiele entfernen und die Spitzen in Streifen schneiden. Zusammen mit den Bambussprossen und den Wasserkastanien in die Brühe geben und zum Kochen bringen, abdecken und 10 Minuten kochen lassen. Zuckererbsen und Sojasauce hinzufügen, abdecken und 2 Minuten kochen lassen. Vor dem Servieren 2 Minuten ruhen lassen.

vegetarische Suppe

Für 4 Portionen

¼ Weißkohl

2 Karotten

3 Selleriestangen

2 Frühlingszwiebeln (Frühlingszwiebeln)

30 ml / 2 EL Erdnussöl (Erdnuss)

1,5 l / 2½ pts / 6 Tassen Wasser

15 ml / 1 EL Sojasauce

15 ml / 1 EL Reiswein oder trockener Sherry

5 ml/1 TL Salz

frisch gemahlener Pfeffer

Das Gemüse in Streifen schneiden. Das Öl erhitzen und das Gemüse 2 Minuten braten, bis es weich wird. Die restlichen Zutaten hinzufügen, zum Kochen bringen, abdecken und 15 Minuten kochen lassen.

Kressesuppe

Für 4 Portionen

1 l / 1¾ pts / 4¼ Tassen Hühnerbrühe
1 Zwiebel, fein gehackt
1 Selleriestange, fein gehackt
225 g Brunnenkresse, grob gehackt
Salz und frisch gemahlener Pfeffer

Brühe, Zwiebel und Sellerie zum Kochen bringen, abdecken und 15 Minuten köcheln lassen. Die Brunnenkresse hinzufügen, abdecken und 5 Minuten kochen lassen. Mit Salz und Pfeffer würzen.

Gebratener Fisch mit Gemüse

Für 4 Portionen

4 chinesische getrocknete Pilze

4 ganze Fische, gereinigt und entschuppt

Frittieröl

30 ml / 2 EL Maismehl (Maisstärke)

45 ml / 3 EL Erdnussöl (Erdnuss)

100 g Bambussprossen, in Streifen geschnitten

50 g Wasserkastanien, in Streifen geschnitten

50 g Chinakohl, gehackt

2 Scheiben Ingwerwurzel, gehackt

30 ml / 2 EL Reiswein oder trockener Sherry

30 ml / 2 Esslöffel Wasser

15 ml / 1 EL Sojasauce

5 ml/1 TL Zucker

120 ml/4 fl oz/¬Ω Tasse Fischbrühe

Salz und frisch gemahlener Pfeffer

¬Ω Salatkopf, zerkleinert

15 ml/1 EL gehackte Petersilie

Die Pilze 30 Minuten in warmem Wasser einweichen und abtropfen lassen. Die Stiele entfernen und die Spitzen abschneiden. Den Fisch halbieren

Maismehl hinzufügen und überschüssiges abschütteln. Erhitzen Sie das Öl und braten Sie den Fisch etwa 12 Minuten lang, bis er gar ist. Auf Küchenpapier abtropfen lassen und warm halten.

Das Öl erhitzen und die Pilze, Bambussprossen, Wasserkastanien und Grünkohl 3 Minuten anbraten. Ingwer, Wein oder Sherry, 15 ml/1 EL Wasser, Sojasauce und Zucker hinzufügen und 1 Minute lang anbraten. Brühe, Salz und Pfeffer hinzufügen, zum Kochen bringen, abdecken und 3 Minuten kochen lassen. Die Speisestärke mit dem restlichen Wasser vermischen, in die Pfanne rühren und unter Rühren kochen, bis die Soße eindickt. Den Salat auf einem Teller anrichten und den Fisch darauf legen. Gemüse und Soße darübergießen und mit Petersilie garniert servieren.

Gebratener ganzer Fisch

Für 4 Portionen
1 großer Wolfsbarsch oder ähnlicher Fisch
45 ml / 3 EL Maismehl (Maisstärke)
45 ml / 3 EL Erdnussöl (Erdnuss)
1 gehackte Zwiebel
2 Knoblauchzehen, zerdrückt
50 g Schinken, in Streifen geschnitten
100 g geschälte Garnelen
15 ml / 1 EL Sojasauce
15 ml / 1 EL Reiswein oder trockener Sherry
5 ml/1 TL Zucker
5 ml/1 TL Salz

Den Fisch mit Maismehl bestreichen. Das Öl erhitzen und die Zwiebel und den Knoblauch anbraten, bis sie leicht goldbraun sind. Den Fisch dazugeben und von beiden Seiten goldbraun braten. Den Fisch auf ein Backblech mit Alufolie legen und mit Schinken und Garnelen belegen. Sojasauce, Wein oder Sherry, Zucker und Salz in die Pfanne geben und gut umrühren. Über den Fisch gießen, die Alufolie verschließen und im vorgeheizten Backofen bei 150°C/300°F/Gas Stufe 2 20 Minuten backen.

Geschmorter Sojafisch

Für 4 Portionen

1 großer Wolfsbarsch oder ähnlicher Fisch
Salz
50 g/2 oz/¬Ω Tasse einfaches Mehl (Allzweck)
60 ml / 4 EL Erdnussöl (Erdnuss)
3 Scheiben Ingwerwurzel, gehackt
3 Frühlingszwiebeln (Frühlingszwiebeln), gehackt
250 ml / 8 fl oz / 1 Tasse Wasser
45 ml / 3 EL Sojasauce
15 ml / 1 EL Reiswein oder trockener Sherry
2,5 ml/¬Ω Teelöffel Zucker

Den Fisch säubern, entschuppen und auf beiden Seiten diagonal markieren. Mit Salz bestreuen und 10 Minuten ruhen lassen. Das Öl erhitzen und den Fisch auf beiden Seiten goldbraun braten, dabei einmal wenden und während des Garens mit Öl begießen. Ingwer, Schnittlauch, Wasser, Sojasauce, Wein oder Sherry und Zucker hinzufügen, zum Kochen bringen, abdecken und 20 Minuten kochen lassen, bis der Fisch gar ist. Heiß oder kalt servieren.

Sojafisch mit Austernsauce

Für 4 Portionen

1 großer Wolfsbarsch oder ähnlicher Fisch

Salz

60 ml / 4 EL Erdnussöl (Erdnuss)

3 Frühlingszwiebeln (Frühlingszwiebeln), gehackt

2 Scheiben Ingwerwurzel, gehackt

1 Knoblauchzehe, zerdrückt

45 ml / 3 EL Austernsauce

30 ml / 2 EL Sojasauce

5 ml/1 TL Zucker

250 ml / 8 fl oz / 1 Tasse Fischbrühe

Den Fisch säubern, entschuppen und auf jeder Seite einige Male diagonal einschneiden. Mit Salz bestreuen und 10 Minuten ruhen lassen. Den größten Teil des Öls erhitzen und den Fisch darin von beiden Seiten goldbraun braten, dabei einmal wenden. In der Zwischenzeit das restliche Öl in einer separaten Pfanne erhitzen und die Frühlingszwiebeln, den Ingwer und den Knoblauch anbraten, bis sie leicht gebräunt sind. Austernsauce, Sojasauce und Zucker hinzufügen und 1 Minute anbraten. Die Brühe hinzufügen und zum Kochen bringen. Die Mischung in den

Goldfisch gießen, erneut aufkochen lassen, abdecken und ca. 5 Minuten kochen lassen.

15 Minuten garen, bis der Fisch gar ist, dabei ein- oder zweimal wenden.

Gekochter Wolfsbarsch

Für 4 Portionen

1 großer Wolfsbarsch oder ähnlicher Fisch
2,25 l / 4 pts / 10 Tassen Wasser
3 Scheiben Ingwerwurzel, gehackt
15 ml / 1 Esslöffel Salz
15 ml / 1 EL Reiswein oder trockener Sherry
30 ml / 2 EL Erdnussöl (Erdnuss)

Den Fisch säubern, entschuppen und auf beiden Seiten mehrmals schräg einschneiden. Wasser in einem großen Topf zum Kochen bringen und die restlichen Zutaten hinzufügen. Tauchen Sie den Fisch ins Wasser, decken Sie ihn gut ab, schalten Sie die Hitze aus und lassen Sie ihn 30 Minuten lang stehen, bis der Fisch gar ist.

Gebackener Fisch mit Pilzen

Für 4 Portionen

4 chinesische getrocknete Pilze
1 großer Karpfen oder ähnlicher Fisch
Salz
45 ml / 3 EL Erdnussöl (Erdnuss)
2 Frühlingszwiebeln (Frühlingszwiebeln), gehackt
1 Scheibe Ingwerwurzel, gehackt
3 Knoblauchzehen, zerdrückt
100 g Bambussprossen, in Streifen geschnitten
250 ml / 8 fl oz / 1 Tasse Fischbrühe
30 ml / 2 EL Sojasauce
15 ml / 1 EL Reiswein oder trockener Sherry
2,5 ml/¬Ω Teelöffel Zucker

Die Pilze 30 Minuten in warmem Wasser einweichen und abtropfen lassen. Die Stiele entfernen und die Spitzen abschneiden. Den Fisch auf beiden Seiten mehrmals schräg markieren, mit Salz bestreuen und 10 Minuten ruhen lassen. Das Öl erhitzen und den Fisch anbraten, bis er auf beiden Seiten leicht gebräunt ist. Schalotten, Ingwer und Knoblauch dazugeben und 2 Minuten unter Rühren anbraten. Restliche Zutaten hinzufügen, zum Kochen bringen, abdecken

und 15 Minuten kochen lassen, bis der Fisch gar ist, dabei ein- oder zweimal wenden und gelegentlich umrühren.

Süßer und saurer Fisch

Für 4 Portionen

1 großer Wolfsbarsch oder ähnlicher Fisch

1 Ei, geschlagen

50 g Maismehl (Maisstärke)

Frittieröl

Für die Soße:

15 ml / 1 EL Erdnussöl

1 grüne Paprika, in Streifen geschnitten

100 g / 4 oz Ananasstücke in Sirup

1 Zwiebel, in Spalten geschnitten

100 g/4 oz/¬Ω Tasse brauner Zucker

60 ml / 4 EL Hühnerbrühe

60 ml/4 EL Weinessig

15 ml / 1 EL Tomatenmark (Paste)

15 ml / 1 EL Maismehl (Maisstärke)

15 ml / 1 EL Sojasauce

3 Frühlingszwiebeln (Frühlingszwiebeln), gehackt

Reinigen Sie den Fisch und entfernen Sie nach Belieben die Flossen und den Kopf. Tauchen Sie es in geschlagenes Ei und dann in Maismehl. Das Öl erhitzen und den Fisch goldbraun braten. Gut abtropfen lassen und warm halten.

Für die Soße das Olivenöl erhitzen und die Paprika, die abgetropfte Ananas und die Zwiebel 4 Minuten anbraten. 30 ml/2 Esslöffel Ananassirup, Zucker, Brühe, Weinessig, Tomatenpüree, Maismehl und Sojasauce hinzufügen und unter Rühren zum Kochen bringen. Unter Rühren kochen, bis die Soße klar wird und eindickt. Über den Fisch gießen und mit Schnittlauch bestreut servieren.

Mit Schweinefleisch gefüllter Fisch

Für 4 Portionen
1 großer Karpfen oder ähnlicher Fisch
Salz
100 g gehacktes Schweinefleisch (gemahlen)
1 Schalotte (Frühlingszwiebeln), gehackt
4 Scheiben Ingwerwurzel, gehackt
15 ml / 1 EL Maismehl (Maisstärke)
60 ml / 4 EL Sojasauce
15 ml / 1 EL Reiswein oder trockener Sherry
5 ml/1 TL Zucker
75 ml / 5 EL Erdnussöl (Erdnuss)
2 Knoblauchzehen, zerdrückt
1 Zwiebel, in Scheiben geschnitten
300 ml/Ω pt/1. Tasse Wasser

Den Fisch säubern, schälen und mit Salz bestreuen. Schweinefleisch, Schnittlauch, etwas Ingwer, Maisstärke, 15 ml/1 Tasse, unterrühren. Sojasaucensuppe, Wein oder Sherry und Zucker hinzufügen und zum Füllen des Fisches verwenden. Erhitzen Sie das Öl und braten Sie den Fisch an, bis er auf beiden Seiten leicht gebräunt ist. Nehmen Sie ihn aus der Pfanne und lassen Sie den größten Teil des Öls abtropfen. Den restlichen Knoblauch und Ingwer hinzufügen und unter Rühren anbraten, bis sie leicht gebräunt sind.

Die restliche Sojasauce und das Wasser hinzufügen, zum Kochen bringen und 2 Minuten kochen lassen. Den Fisch wieder in die Pfanne geben, abdecken und etwa 30 Minuten garen, bis der Fisch gar ist, dabei ein- oder zweimal wenden.

Gewürzter Karpfenbraten

Für 4 Portionen

1 großer Karpfen oder ähnlicher Fisch
150 ml/¬° pt/großzügige ¬Ω Tasse Erdnussöl
15 ml / 1 Esslöffel Zucker
2 Knoblauchzehen, fein gehackt
100 g Bambussprossen, in Scheiben geschnitten
150 ml/¬° pt/großzügige ¬Ω Tasse Fischbrühe
15 ml / 1 EL Reiswein oder trockener Sherry
15 ml / 1 EL Sojasauce
2 Frühlingszwiebeln (Frühlingszwiebeln), gehackt
1 Scheibe Ingwerwurzel, gehackt
15 ml / 1 EL Weinessigsalz

Den Fisch säubern, entschuppen und mehrere Stunden in kaltem Wasser einweichen. Abtropfen lassen und trocken tupfen, dann jede Seite mehrmals einschneiden. Das Öl erhitzen und den Fisch von beiden Seiten anbraten, bis er fest ist. Aus der Pfanne nehmen und alles bis auf 30 ml/2 EL Öl hineingießen und auffangen. Zucker in die Pfanne geben und rühren, bis es dunkel wird. Knoblauch und Bambussprossen hinzufügen und gut vermischen. Die restlichen Zutaten hinzufügen, zum Kochen bringen, den Fisch wieder in die Pfanne geben, abdecken und etwa 15 Minuten lang leicht kochen lassen, bis der Fisch gar ist.

Legen Sie den Fisch auf einen vorgewärmten Teller und gießen Sie die Sauce darüber.

Garnelen mit Litschisauce

Für 4 Portionen

50 g / 2 oz / ¬Ω-Becher, einfach (für alle Zwecke) Weizenmehl

2,5 ml/¬Ω Teelöffel Salz

1 Ei, leicht geschlagen

30 ml / 2 Esslöffel Wasser

450 g/1 Pfund geschälte Garnelen

Frittieröl

30 ml / 2 EL Erdnussöl (Erdnuss)

2 Scheiben Ingwerwurzel, gehackt

30 ml/2 EL Weinessig

5 ml/1 TL Zucker

2,5 ml/¬Ω Teelöffel Salz

15 ml / 1 EL Sojasauce

200 g Litschis aus der Dose, abgetropft

Mehl, Salz, Ei und Wasser zu einem Teig verrühren, bei Bedarf noch etwas Wasser hinzufügen. Mit den Garnelen vermischen, bis alles gut bedeckt ist. Das Öl erhitzen und die Garnelen einige Minuten braten, bis sie knusprig und goldbraun sind. Auf Küchenpapier abtropfen lassen und auf einen warmen

Servierteller legen. In der Zwischenzeit das Öl erhitzen und den Ingwer 1 Minute lang anbraten. Weinessig, Zucker, Salz und Sojasauce hinzufügen. Die Litschis dazugeben und rühren, bis sie warm und mit der Soße bedeckt sind. Über die Garnelen gießen und sofort servieren.

Gebratene Garnelen mit Mandarine

Für 4 Portionen

60 ml / 4 EL Erdnussöl (Erdnuss)

1 Knoblauchzehe, zerdrückt

1 Scheibe Ingwerwurzel, gehackt

450 g/1 Pfund geschälte Garnelen

30 ml/2 EL Reiswein oder trockener Sherry 30 ml/2 EL Sojasauce

15 ml / 1 EL Maismehl (Maisstärke)

45 ml / 3 Esslöffel Wasser

Das Öl erhitzen und den Knoblauch und den Ingwer anbraten, bis sie leicht goldbraun sind. Die Garnelen dazugeben und 1 Minute anbraten. Den Wein oder Sherry hinzufügen und gut umrühren. Sojasauce, Maismehl und Wasser hinzufügen und 2 Minuten anbraten.

Garnelen mit Zuckererbsen

Für 4 Portionen

5 chinesische getrocknete Pilze

225 g Sojasprossen

60 ml / 4 EL Erdnussöl (Erdnuss)

5 ml/1 TL Salz

2 Selleriestangen, gehackt

4 Frühlingszwiebeln (Frühlingszwiebeln), gehackt

2 Knoblauchzehen, zerdrückt

2 Scheiben Ingwerwurzel, gehackt

60 ml / 4 Esslöffel Wasser

15 ml / 1 EL Sojasauce

15 ml / 1 EL Reiswein oder trockener Sherry

225 g Zuckererbsen (Erbsen)

225 g geschälte Garnelen

15 ml / 1 EL Maismehl (Maisstärke)

Die Pilze 30 Minuten in warmem Wasser einweichen und abtropfen lassen. Die Stiele entfernen und die Spitzen abschneiden. Die Sojasprossen in kochendem Wasser 5 Minuten blanchieren und gut abtropfen lassen. Die Hälfte des Öls erhitzen und Salz, Sellerie, Frühlingszwiebeln und Sojasprossen 1 Minute lang anbraten, dann aus der Pfanne nehmen. Das restliche Öl erhitzen und Knoblauch und Ingwer anbraten, bis sie leicht goldbraun sind. Die Hälfte des Wassers, Sojasauce, Wein oder Sherry, Zuckerschoten und Garnelen hinzufügen, zum Kochen bringen und 3 Minuten kochen lassen. Maismehl und restliches Wasser zu einer Paste verrühren, in die Pfanne rühren und unter Rühren kochen, bis die Sauce eindickt. Geben Sie das Gemüse wieder in die Pfanne und kochen Sie es, bis es durchgewärmt ist. Sofort servieren.

Garnelen mit chinesischen Pilzen

Für 4 Portionen

8 chinesische getrocknete Pilze

45 ml / 3 EL Erdnussöl (Erdnuss)

3 Scheiben Ingwerwurzel, gehackt

450 g/1 Pfund geschälte Garnelen
15 ml / 1 EL Sojasauce
5 ml/1 TL Salz
60 ml / 4 EL Fischbrühe

Die Pilze 30 Minuten in warmem Wasser einweichen und abtropfen lassen. Die Stiele entfernen und die Spitzen abschneiden. Die Hälfte des Öls erhitzen und den Ingwer anbraten, bis er leicht goldbraun ist. Garnelen, Sojasauce und Salz hinzufügen und anbraten, bis sie mit Öl bedeckt sind, und aus der Pfanne nehmen. Das restliche Öl erhitzen und die Pilze anbraten, bis sie mit Öl bedeckt sind. Brühe hinzufügen, zum Kochen bringen, abdecken und 3 Minuten kochen lassen. Geben Sie die Garnelen zurück in die Pfanne und rühren Sie, bis sie durchgewärmt sind.

Garnelen-Erbsen-Pfanne

Für 4 Portionen
450 g/1 Pfund geschälte Garnelen
5 ml/1 TL Sesamöl
5 ml/1 TL Salz

30 ml / 2 EL Erdnussöl (Erdnuss)
1 Knoblauchzehe, zerdrückt
1 Scheibe Ingwerwurzel, gehackt
225 g / 8 oz blanchierte oder gefrorene Erbsen, aufgetaut
4 Frühlingszwiebeln (Frühlingszwiebeln), gehackt
30 ml / 2 Esslöffel Wasser
Salz und Pfeffer

Die Garnelen mit Sesamöl und Salz vermischen. Das Öl erhitzen und Knoblauch und Ingwer 1 Minute anbraten. Die Garnelen dazugeben und 2 Minuten anbraten. Die Erbsen dazugeben und 1 Minute anbraten. Frühlingszwiebeln und Wasser dazugeben und mit Salz und Pfeffer und nach Belieben noch etwas Sesamöl würzen. Vor dem Servieren unter sorgfältigem Rühren erhitzen.

Garnelen mit Mango-Chutney

Für 4 Portionen
12 Riesengarnelen
Salz und Pfeffer
1 Zitronensaft
30 ml / 2 EL Maismehl (Maisstärke)

1 Mango

5 ml/1 TL Senfpulver

5 ml/1 TL Honig

30 ml / 2 Esslöffel Kokoscreme

30 ml/2 EL mildes Currypulver

120 ml/4 fl oz/¬Ω Tasse Hühnerbrühe

45 ml / 3 EL Erdnussöl (Erdnuss)

2 Knoblauchzehen, gehackt

2 Frühlingszwiebeln (Frühlingszwiebeln), gehackt

1 Fenchelknolle, gehackt

100 g Mango-Chutney

Die Garnelen schälen, dabei die Schwänze intakt lassen. Mit Salz, Pfeffer und Zitronensaft bestreuen und mit der Hälfte des Maismehls bestreuen. Schälen Sie die Mango, schneiden Sie das Kernmark ab und hacken Sie das Fruchtfleisch. Senf, Honig, Kokoscreme, Currypulver, restliches Maismehl und Brühe unterrühren. Die Hälfte des Öls erhitzen und Knoblauch, Schnittlauch und Fenchel 2 Minuten anbraten. Brühe hinzufügen, zum Kochen bringen und 1 Minute kochen lassen. Mangowürfel und Chutney dazugeben, leicht erhitzen und dann auf einen vorgewärmten Servierteller geben. Das restliche Öl erhitzen und die Garnelen 2 Minuten braten. Über dem Gemüse anrichten und sofort servieren.

Gebratene Garnelenknödel mit Zwiebelsauce

Für 4 Portionen

3 leicht geschlagene Eier

45 ml / 3 EL Mehl (Allzweckmehl)

Salz und frisch gemahlener Pfeffer

450 g/1 Pfund geschälte Garnelen

Frittieröl

15 ml / 1 EL Erdnussöl

2 Zwiebeln, gehackt

15 ml / 1 EL Maismehl (Maisstärke)

30 ml / 2 EL Sojasauce

175 ml / 6 fl oz / ¬œ Tasse Wasser

Eier, Mehl, Salz und Pfeffer vermischen. Die Garnelen in den Teig geben. Das Öl erhitzen und die Garnelen goldbraun braten. In der Zwischenzeit das Öl erhitzen und die Zwiebel 1 Minute anbraten. Die restlichen Zutaten zu einer Paste verrühren, die Zwiebeln hinzufügen und unter Rühren kochen, bis die Soße eindickt. Die Garnelen abtropfen lassen und auf einem vorgewärmten Teller anrichten. Mit der Soße übergießen und sofort servieren.

Garnelen-Mandarina mit Erbsen

Für 4 Portionen

60 ml / 4 EL Erdnussöl (Erdnuss)

1 Knoblauchzehe, gehackt

1 Scheibe Ingwerwurzel, gehackt

450 g/1 Pfund geschälte Garnelen

30 ml / 2 EL Reiswein oder trockener Sherry

225 g gefrorene Erbsen, aufgetaut

30 ml / 2 EL Sojasauce

15 ml / 1 EL Maismehl (Maisstärke)

45 ml / 3 Esslöffel Wasser

Das Öl erhitzen und den Knoblauch und den Ingwer anbraten, bis sie leicht goldbraun sind. Die Garnelen dazugeben und 1 Minute anbraten. Den Wein oder Sherry hinzufügen und gut umrühren. Die Erbsen dazugeben und 5 Minuten anbraten. Die anderen Zutaten hinzufügen und 2 Minuten anbraten.

Garnelen nach Peking-Art

Für 4 Portionen

30 ml / 2 EL Erdnussöl (Erdnuss)

2 Knoblauchzehen, zerdrückt

1 Scheibe Ingwerwurzel, fein gehackt

225 g geschälte Garnelen

4 Frühlingszwiebeln (Frühlingszwiebeln), in dicke Scheiben geschnitten

120 ml/4 fl oz/¬Ω Tasse Hühnerbrühe

5 ml / 1 TL brauner Zucker

5 ml/1 TL Sojasauce

5 ml/1 TL Hoisinsauce

5 ml / 1 TL Tabascosauce

Das Öl mit Knoblauch und Ingwer erhitzen und anbraten, bis der Knoblauch leicht gebräunt ist. Die Garnelen dazugeben und 1 Minute anbraten. Den Schnittlauch dazugeben und 1 Minute anbraten. Die restlichen Zutaten hinzufügen, aufkochen, abdecken und 4 Minuten kochen lassen, dabei gelegentlich umrühren. Überprüfen Sie die Gewürze und fügen Sie nach Belieben noch etwas Tabasco-Sauce hinzu.

Garnelen mit Paprika

Für 4 Portionen

30 ml / 2 EL Erdnussöl (Erdnuss)
1 grüne Paprika, in Stücke geschnitten
450 g/1 Pfund geschälte Garnelen
10 ml / 2 TL Maismehl (Maisstärke)
60 ml / 4 Esslöffel Wasser
5 ml/1 TL Reiswein oder trockener Sherry
2,5 ml/¬Ω Teelöffel Salz
45 ml / 2 EL Tomatenmark (Paste)

Das Öl erhitzen und die Paprika 2 Minuten anbraten. Garnelen und Tomatenpüree dazugeben und gut vermischen. Maisstärke, Wasser, Wein oder Sherry und Salz zu einer Paste verrühren, in die Pfanne rühren und unter Rühren kochen, bis die Sauce klar und eingedickt ist.

Mit Schweinefleisch sautierte Garnelen

Für 4 Portionen

225 g geschälte Garnelen

100 g/4 oz mageres Schweinefleisch, zerkleinert

60 ml / 4 EL Reiswein oder trockener Sherry

1 Eiweiß

45 ml / 3 EL Maismehl (Maisstärke)

5 ml/1 TL Salz

15 ml / 1 EL Wasser (optional)

90 ml / 6 EL Erdnussöl

45 ml / 3 EL Fischbrühe

5 ml/1 TL Sesamöl

Garnelen und Schweinefleisch in getrennte Schüsseln geben. 45 ml / 3 EL Wein oder Sherry, das Eiweiß, 30 ml / 2 EL Speisestärke und Salz zu einem lockeren Teig verrühren, bei Bedarf Wasser hinzufügen. Die Mischung auf Schweinefleisch und Garnelen verteilen und gut umrühren, damit sie gleichmäßig bedeckt ist. Das Öl erhitzen und das Schweinefleisch und die Garnelen darin einige Minuten goldbraun braten. Aus der Pfanne nehmen und alles bis auf 15 ml/1 EL Öl hineingießen. Brühe mit restlichem Wein oder Sherry und Maismehl in die Pfanne geben.

Zum Kochen bringen und unter Rühren kochen, bis die Soße eindickt. Über Garnelen und Schweinefleisch gießen und mit Sesamöl bestreut servieren.

Gebratene Garnelen mit Sherrysauce

Für 4 Portionen

50 g/2 oz/¬Ω Tasse einfaches Mehl (Allzweck)

2,5 ml/¬Ω Teelöffel Salz

1 Ei, leicht geschlagen

30 ml / 2 Esslöffel Wasser

450 g/1 Pfund geschälte Garnelen

Frittieröl

15 ml / 1 EL Erdnussöl

1 Zwiebel, fein gehackt

45 ml / 3 EL Reiswein oder trockener Sherry

15 ml / 1 EL Sojasauce

120 ml/4 fl oz/¬Ω Tasse Fischbrühe

10 ml / 2 TL Maismehl (Maisstärke)

30 ml / 2 Esslöffel Wasser

Mehl, Salz, Ei und Wasser zu einem Teig verrühren, bei Bedarf noch etwas Wasser hinzufügen. Mit den Garnelen vermischen, bis alles gut bedeckt ist. Das Öl erhitzen und die Garnelen einige Minuten braten, bis sie knusprig und goldbraun sind. Auf Küchenpapier abtropfen lassen und auf eine vorgewärmte Platte legen. In der Zwischenzeit das Öl erhitzen und die Zwiebeln anbraten, bis sie zusammenfallen. Wein oder Sherry, Sojasauce und Brühe hinzufügen, zum Kochen bringen und 4 Minuten kochen lassen. Maismehl und Wasser verquirlen, bis eine Paste entsteht, in die Pfanne rühren und unter Rühren kochen, bis die Sauce klar und eingedickt ist. Die Soße über die Garnelen gießen und servieren.

Gebratene Garnelen mit Sesam

Für 4 Portionen

450 g/1 Pfund geschälte Garnelen

¬Ω Eiweiß

5 ml/1 TL Sojasauce

5 ml/1 TL Sesamöl

50 g/2 oz/¬Ω Tasse Maismehl (Maisstärke)

Salz und frisch gemahlener weißer Pfeffer
Frittieröl
60 ml/4 EL Sesamkörner
Salatblätter

Die Garnelen mit Eiweiß, Sojasauce, Sesamöl, Maismehl, Salz und Pfeffer vermischen. Wenn die Mischung zu dick ist, fügen Sie etwas Wasser hinzu. Das Öl erhitzen und die Garnelen einige Minuten braten, bis sie leicht goldbraun sind. In der Zwischenzeit die Sesamkörner in einer trockenen Pfanne kurz goldbraun rösten. Die Garnelen abtropfen lassen und mit den Sesamkörnern vermischen. Auf einem Salatbett servieren.

In der Schale gebratene Garnelen

Für 4 Portionen

60 ml / 4 EL Erdnussöl (Erdnuss)
750 g/1¬Ω lb geschälte Garnelen
3 Frühlingszwiebeln (Frühlingszwiebeln), gehackt
3 Scheiben Ingwerwurzel, gehackt
2,5 ml/¬Ω Teelöffel Salz
15 ml / 1 EL Reiswein oder trockener Sherry

120 ml/4 fl oz/¬Ω Tasse Tomatenketchup (Ketchup)

15 ml / 1 EL Sojasauce

15 ml / 1 Esslöffel Zucker

15 ml / 1 EL Maismehl (Maisstärke)

60 ml / 4 Esslöffel Wasser

Erhitzen Sie das Öl und braten Sie die Garnelen 1 Minute lang, wenn sie gekocht sind, oder bis sie rosa sind, wenn sie roh sind. Frühlingszwiebeln, Ingwer, Salz und Wein oder Sherry hinzufügen und 1 Minute lang anbraten. Tomatenketchup, Sojasauce und Zucker hinzufügen und 1 Minute anbraten. Speisestärke und Wasser vermischen, in die Pfanne rühren und unter Rühren kochen, bis die Soße heller und dicker wird.

gebratene Garnelen

Für 4 Portionen

75 g / 3 oz / gehäufte ¬° Tasse Maismehl (Maisstärke)

1 Eiweiß

5 ml/1 TL Reiswein oder trockener Sherry

Salz

350 g geschälte Garnelen

Frittieröl

Maismehl, Eiweiß, Wein oder Sherry und eine Prise Salz zu einem dicken Teig verrühren. Tauchen Sie die Garnelen in den Teig, bis sie gut bedeckt sind. Erhitzen Sie das Öl, bis es mäßig heiß ist, und braten Sie die Garnelen einige Minuten lang, bis sie goldbraun sind. Aus dem Öl nehmen, erneut erhitzen, bis die Garnelen heiß sind, und die Garnelen erneut braten, bis sie knusprig und goldbraun sind.

Garnelen-Tempura

Für 4 Portionen

450 g/1 Pfund geschälte Garnelen
30 ml / 2 EL Mehl (Allzweckmehl)
30 ml / 2 EL Maismehl (Maisstärke)
30 ml / 2 Esslöffel Wasser
2 Eier, geschlagen
Frittieröl

Schneiden Sie die Garnelen entlang der Innenkurve in zwei Hälften und öffnen Sie sie, sodass eine Schmetterlingsform entsteht. Mehl, Speisestärke und Wasser zu einem Teig verrühren und die Eier hinzufügen. Das Öl erhitzen und die Garnelen goldbraun braten.

Untergummi

Für 4 Portionen

30 ml / 2 EL Erdnussöl (Erdnuss)
2 Frühlingszwiebeln (Frühlingszwiebeln), gehackt
1 Knoblauchzehe, zerdrückt
1 Scheibe Ingwerwurzel, gehackt
100 g Hähnchenbrust, in Streifen geschnitten
100 g Schinken, in Streifen geschnitten
100 g Bambussprossen, in Streifen geschnitten
100 g Wasserkastanien, in Streifen geschnitten
225 g geschälte Garnelen
30 ml / 2 EL Sojasauce
30 ml / 2 EL Reiswein oder trockener Sherry
5 ml/1 TL Salz
5 ml/1 TL Zucker
5 ml / 1 TL Maismehl (Maisstärke)

Erhitzen Sie das Öl und braten Sie die Zwiebel, den Knoblauch und den Ingwer an, bis sie leicht goldbraun sind. Das Hähnchen dazugeben und 1 Minute anbraten. Schinken, Bambussprossen und Wasserkastanien hinzufügen und 3 Minuten anbraten. Die Garnelen dazugeben und 1 Minute anbraten. Sojasauce, Wein oder Sherry, Salz und Zucker hinzufügen und 2 Minuten anbraten. Das Maismehl mit etwas Wasser vermischen, in der Pfanne verrühren und unter Rühren 2 Minuten kochen lassen.

Garnelen mit Tofu

Für 4 Portionen

45 ml / 3 EL Erdnussöl (Erdnuss)

225 g Tofu, gewürfelt

1 Schalotte (Frühlingszwiebeln), gehackt

1 Knoblauchzehe, zerdrückt

15 ml / 1 EL Sojasauce

5 ml/1 TL Zucker

90 ml / 6 EL Fischbrühe

225 g geschälte Garnelen

15 ml / 1 EL Maismehl (Maisstärke)

45 ml / 3 Esslöffel Wasser

Die Hälfte des Öls erhitzen und den Tofu anbraten, bis er leicht gebräunt ist, dann aus der Pfanne nehmen. Das restliche Öl erhitzen und die Zwiebel und den Knoblauch anbraten, bis sie leicht gebräunt sind. Sojasauce, Zucker und Brühe hinzufügen und zum Kochen bringen. Die Garnelen dazugeben und bei schwacher Hitze 3 Minuten rühren. Maismehl und Wasser verrühren, bis eine Paste entsteht, in die Pfanne rühren und unter Rühren kochen, bis die Sauce eindickt. Geben Sie den Tofu wieder in die Pfanne und kochen Sie ihn langsam, bis er durchgeheizt ist.

Garnelen mit Tomaten

Für 4 Portionen

2 Eiweiß

30 ml / 2 EL Maismehl (Maisstärke)

5 ml/1 TL Salz

450 g/1 Pfund geschälte Garnelen

Frittieröl

30 ml / 2 EL Reiswein oder trockener Sherry

225 g / 8 oz Tomaten, gehäutet, entkernt und gewürfelt

Eiweiß, Maismehl und Salz verquirlen. Garnelen einrühren, bis sie gut bedeckt sind. Das Öl erhitzen und die Garnelen anbraten, bis sie gar sind. Alles bis auf 15 ml/1 EL Öl einfüllen und erneut erhitzen. Wein oder Sherry und Tomaten hinzufügen und zum Kochen bringen. Die Garnelen dazugeben und vor dem Servieren kurz erhitzen.

Garnelen mit Tomatensauce

Für 4 Portionen

30 ml / 2 EL Erdnussöl (Erdnuss)

1 Knoblauchzehe, zerdrückt

2 Scheiben Ingwerwurzel, gehackt

2,5 ml/¬Ω Teelöffel Salz

15 ml / 1 EL Reiswein oder trockener Sherry

15 ml / 1 EL Sojasauce

6 ml / 4 EL Tomatenketchup (Ketchup)

120 ml/4 fl oz/¬Ω Tasse Fischbrühe

350 g geschälte Garnelen

10 ml / 2 TL Maismehl (Maisstärke)

30 ml / 2 Esslöffel Wasser

Das Öl erhitzen und Knoblauch, Ingwer und Salz 2 Minuten anbraten. Wein oder Sherry, Sojasauce, Tomatenketchup und Brühe hinzufügen und zum Kochen bringen. Garnelen hinzufügen, abdecken und 2 Minuten kochen lassen. Maismehl und Wasser verquirlen, bis eine Paste entsteht, in die Pfanne rühren und unter Rühren kochen, bis die Sauce klar und eingedickt ist.

Garnelen mit Tomaten-Paprika-Sauce

Für 4 Portionen
60 ml / 4 EL Erdnussöl (Erdnuss)
15 ml / 1 Esslöffel gehackter Ingwer
15 ml / 1 EL gehackter Knoblauch
15 ml / 1 EL gehackter Schnittlauch
60 ml/4 EL Tomatenmark (Paste)
15 ml / 1 EL Chilisauce
450 g/1 Pfund geschälte Garnelen
15 ml / 1 EL Maismehl (Maisstärke)
15 ml / 1 Esslöffel Wasser

Das Öl erhitzen und Ingwer, Knoblauch und Schnittlauch 1 Minute anbraten. Tomatenpüree und Chilisauce dazugeben und gut vermischen. Die Garnelen dazugeben und 2 Minuten anbraten. Maismehl und Wasser vermischen, bis eine Paste entsteht, in der Pfanne umrühren und kochen, bis die Soße eindickt. Sofort servieren.

Gebratene Garnelen mit Tomatensauce

Für 4 Portionen

50 g/2 oz/¬Ω Tasse einfaches Mehl (Allzweck)
2,5 ml/¬Ω Teelöffel Salz
1 Ei, leicht geschlagen
30 ml / 2 Esslöffel Wasser
450 g/1 Pfund geschälte Garnelen
Frittieröl
30 ml / 2 EL Erdnussöl (Erdnuss)
1 Zwiebel, fein gehackt
2 Scheiben Ingwerwurzel, gehackt
75 ml / 5 EL Tomatenketchup (Ketchup)
10 ml / 2 TL Maismehl (Maisstärke)
30 ml / 2 Esslöffel Wasser

Mehl, Salz, Ei und Wasser zu einem Teig verrühren, bei Bedarf noch etwas Wasser hinzufügen. Mit den Garnelen vermischen, bis alles gut bedeckt ist. Das Öl erhitzen und die Garnelen einige

Minuten braten, bis sie knusprig und goldbraun sind. Auf Küchenpapier abtropfen lassen.

In der Zwischenzeit das Öl erhitzen und die Zwiebel und den Ingwer darin anbraten, bis sie weich sind. Den Tomatenketchup hinzufügen und 3 Minuten kochen lassen. Maismehl und Wasser verrühren, bis eine Paste entsteht, in die Pfanne rühren und unter Rühren kochen, bis die Sauce eindickt. Geben Sie die Garnelen in die Pfanne und kochen Sie sie, bis sie durchgewärmt sind. Sofort servieren.

Garnelen mit Gemüse

Für 4 Portionen

15 ml / 1 EL Erdnussöl

225 g Brokkoliröschen

225 g Champignons

225 g Bambussprossen, in Scheiben geschnitten

450 g/1 Pfund geschälte Garnelen

120 ml/4 fl oz/¬Ω Tasse Hühnerbrühe

5 ml / 1 TL Maismehl (Maisstärke)
5 ml/1 TL Austernsauce
2,5 ml/¬Ω Teelöffel Zucker
2,5 ml/¬Ω TL geriebene Ingwerwurzel
Prise frisch gemahlener Pfeffer

Das Öl erhitzen und den Brokkoli 1 Minute anbraten. Pilze und Bambussprossen dazugeben und 2 Minuten anbraten. Die Garnelen dazugeben und 2 Minuten anbraten. Restliche Zutaten vermischen und unter die Garnelenmischung mischen. Unter Rühren zum Kochen bringen und dann 1 Minute unter ständigem Rühren kochen lassen.

Garnelen mit Wasserkastanien

Für 4 Portionen

60 ml / 4 EL Erdnussöl (Erdnuss)
1 Knoblauchzehe, gehackt
1 Scheibe Ingwerwurzel, gehackt
450 g/1 Pfund geschälte Garnelen

30 ml / 2 EL Reiswein oder trockener Sherry 225 g / 8 oz Wasserkastanien, in Scheiben geschnitten

30 ml / 2 EL Sojasauce

15 ml / 1 EL Maismehl (Maisstärke)

45 ml / 3 Esslöffel Wasser

Das Öl erhitzen und den Knoblauch und den Ingwer anbraten, bis sie leicht goldbraun sind. Die Garnelen dazugeben und 1 Minute anbraten. Den Wein oder Sherry hinzufügen und gut umrühren. Die Wasserkastanien dazugeben und 5 Minuten anbraten. Die anderen Zutaten hinzufügen und 2 Minuten anbraten.

Garnelen-Wontons

Für 4 Portionen

450 g geschälte Garnelen, gehackt

225 g gemischtes Gemüse, gehackt

15 ml / 1 EL Sojasauce

2,5 ml/¬Ω Teelöffel Salz

ein paar Tropfen Sesamöl

40 Wan-Tan-Häute

Frittieröl

Garnelen, Gemüse, Sojasauce, Salz und Sesamöl vermischen.

Um die Wontons zu falten, halten Sie die Haut in der linken Handfläche und geben Sie etwas Füllung in die Mitte. Befeuchten Sie die Ränder mit Ei, falten Sie die Haut zu einem Dreieck und verschließen Sie die Ränder. Befeuchten Sie die Ecken mit Ei und drehen Sie sie zusammen.

Das Öl erhitzen und die Wontons nacheinander goldbraun braten. Vor dem Servieren gut abtropfen lassen.

Abalone mit Hühnchen

Für 4 Portionen

400 g Abalone aus der Dose
30 ml / 2 EL Erdnussöl (Erdnuss)
100 g Hähnchenbrust, gewürfelt
100 g Bambussprossen, in Scheiben geschnitten
250 ml / 8 fl oz / 1 Tasse Fischbrühe

15 ml / 1 EL Reiswein oder trockener Sherry
5 ml/1 TL Zucker
2,5 ml/½ Teelöffel Salz
15 ml / 1 EL Maismehl (Maisstärke)
45 ml / 3 Esslöffel Wasser

Die Abalone abtropfen lassen, in Scheiben schneiden und den Saft auffangen. Das Öl erhitzen und das Hähnchen anbraten, bis es leicht gebräunt ist. Abalone und Bambussprossen dazugeben und 1 Minute anbraten. Abalone-Flüssigkeit, Brühe, Wein oder Sherry, Zucker und Salz hinzufügen, zum Kochen bringen und 2 Minuten kochen lassen. Maismehl und Wasser verrühren, bis eine Paste entsteht, und unter Rühren kochen, bis die Soße klar und eingedickt ist. Sofort servieren.

Abalone mit Spargel

Für 4 Portionen
10 chinesische getrocknete Pilze
30 ml / 2 EL Erdnussöl (Erdnuss)

15 ml / 1 Esslöffel Wasser

225 g Spargel

2,5 ml/½ TL Fischsauce

15 ml / 1 EL Maismehl (Maisstärke)

225 g Abalone aus der Dose, in Scheiben geschnitten

60 ml / 4 Esslöffel Brühe

½ kleine Karotte, in Scheiben geschnitten

5 ml/1 TL Sojasauce

5 ml/1 TL Austernsauce

5 ml/1 TL Reiswein oder trockener Sherry

Die Pilze 30 Minuten in warmem Wasser einweichen und abtropfen lassen. Entsorgen Sie die Stiele. 15 ml/1 EL Öl mit Wasser erhitzen und die Pilzköpfe 10 Minuten braten. In der Zwischenzeit den Spargel in kochendem Wasser mit der Fischsauce und 5 ml/1 TL Maismehl weich kochen. Gut abtropfen lassen und mit den Pilzen auf einem vorgewärmten Teller anrichten. Halten Sie sie warm. Das restliche Öl erhitzen und die Abalone einige Sekunden lang anbraten, dann Brühe, Karotten, Sojasauce, Austernsauce, Wein oder Sherry und das restliche Maismehl hinzufügen. Etwa 5 Minuten kochen lassen, bis er gar ist, dann über den Spargel löffeln und servieren.

Abalone mit Pilzen

Für 4 Portionen

6 chinesische getrocknete Pilze
400 g Abalone aus der Dose
45 ml / 3 EL Erdnussöl (Erdnuss)
2,5 ml/¬Ω Teelöffel Salz
15 ml / 1 EL Reiswein oder trockener Sherry
3 Frühlingszwiebeln (Frühlingszwiebeln), in dicke Scheiben geschnitten

Die Pilze 30 Minuten in warmem Wasser einweichen und abtropfen lassen. Die Stiele entfernen und die Spitzen abschneiden. Die Abalone abtropfen lassen, in Scheiben schneiden und den Saft auffangen. Das Öl erhitzen und das Salz und die Pilze 2 Minuten anbraten. Abalone-Flüssigkeit und Sherry hinzufügen, zum Kochen bringen, abdecken und 3 Minuten kochen lassen. Abalone und Frühlingszwiebeln hinzufügen und kochen, bis alles durchgewärmt ist. Sofort servieren.

Abalone mit Austernsauce

Für 4 Portionen

400 g Abalone aus der Dose

15 ml / 1 EL Maismehl (Maisstärke)

15 ml / 1 EL Sojasauce

45 ml / 3 EL Austernsauce

30 ml / 2 EL Erdnussöl (Erdnuss)

50 g geräucherter Schinken, gehackt

Lassen Sie die Dose Abalone abtropfen und bewahren Sie 90 ml/6 EL Flüssigkeit auf. Mischen Sie dies mit Maismehl, Sojasauce und Austernsauce. Das Öl erhitzen und die abgetropfte Abalone 1 Minute braten. Die Saucenmischung einrühren und unter Rühren etwa 1 Minute lang kochen, bis sie durchgewärmt ist. Auf einen vorgewärmten Teller geben und mit Prosciutto garniert servieren.

Gedämpfte Muscheln

Für 4 Portionen

24 Muscheln

Die Muscheln gut schrubben und einige Stunden in Salzwasser einweichen. Unter fließendem Wasser waschen und in einer flachen feuerfesten Schüssel anrichten. Auf einen Rost im Dampfgarer legen, abdecken und etwa 10 Minuten in kochendem Wasser garen, bis sich alle Muscheln geöffnet haben. Entsorgen Sie alle, die geschlossen bleiben. Mit Soßen servieren.

Muscheln mit Sojasprossen

Für 4 Portionen

24 Muscheln
15 ml / 1 EL Erdnussöl
150 g Sojasprossen
1 grüne Paprika, in Streifen geschnitten
2 Frühlingszwiebeln (Frühlingszwiebeln), gehackt
15 ml / 1 EL Reiswein oder trockener Sherry

Salz und frisch gemahlener Pfeffer
2,5 ml/¬Ω TL Sesamöl
50 g geräucherter Schinken, gehackt

Die Muscheln gut schrubben und einige Stunden in Salzwasser einweichen. Unter fließendem Wasser abspülen. Einen Topf mit Wasser zum Kochen bringen, die Muscheln hinzufügen und einige Minuten kochen lassen, bis sie sich öffnen. Lassen Sie alles, was verschlossen bleibt, abtropfen und entsorgen Sie es. Entfernen Sie die Muscheln aus den Schalen.

Das Öl erhitzen und die Sojasprossen 1 Minute lang anbraten. Pfeffer und Schnittlauch dazugeben und 2 Minuten anbraten. Den Wein oder Sherry dazugeben und mit Salz und Pfeffer würzen. Erhitzen Sie es, rühren Sie dann die Muscheln hinein und rühren Sie, bis alles gut vermischt und durchgewärmt ist. Auf einen vorgewärmten Teller geben und mit Sesamöl und Prosciutto bestreut servieren.

Muscheln mit Ingwer und Knoblauch

Für 4 Portionen
24 Muscheln
15 ml / 1 EL Erdnussöl
2 Scheiben Ingwerwurzel, gehackt

2 Knoblauchzehen, zerdrückt

15 ml / 1 Esslöffel Wasser

5 ml/1 TL Sesamöl

Salz und frisch gemahlener Pfeffer

Die Muscheln gut schrubben und einige Stunden in Salzwasser einweichen. Unter fließendem Wasser abspülen. Erhitzen Sie das Öl und braten Sie Ingwer und Knoblauch 30 Sekunden lang an. Muscheln, Wasser und Sesamöl hinzufügen, abdecken und etwa 5 Minuten kochen lassen, bis sich die Muscheln öffnen. Entsorgen Sie alle, die geschlossen bleiben. Leicht mit Salz und Pfeffer würzen und sofort servieren.

Gebratene Muscheln

Für 4 Portionen

24 Muscheln

60 ml / 4 EL Erdnussöl (Erdnuss)

4 Knoblauchzehen, gehackt

1 Zwiebel, gehackt
2,5 ml/¬Ω Teelöffel Salz

Die Muscheln gut schrubben und einige Stunden in Salzwasser einweichen. Unter fließendem Wasser abspülen und anschließend trocknen. Das Öl erhitzen und Knoblauch, Zwiebel und Salz goldbraun anbraten. Die Muscheln dazugeben, abdecken und bei schwacher Hitze etwa 5 Minuten garen, bis alle Schalen geöffnet sind. Entsorgen Sie alle, die geschlossen bleiben. Eine weitere Minute lang leicht braten und mit Öl beträufeln.

Krabbenkuchen

Für 4 Portionen

225 g Sojasprossen
60 ml/4 EL Erdnussöl 100 g Bambussprossen, in Streifen geschnitten
1 gehackte Zwiebel

225 g / 8 oz Krabbenfleisch, in Flocken
4 leicht geschlagene Eier
15 ml / 1 EL Maismehl (Maisstärke)
30 ml / 2 EL Sojasauce
Salz und frisch gemahlener Pfeffer

Die Sojasprossen in kochendem Wasser 4 Minuten blanchieren und abtropfen lassen. Die Hälfte des Öls erhitzen und Sojasprossen, Bambussprossen und Zwiebeln darin anbraten, bis sie weich sind. Vom Feuer nehmen und die anderen Zutaten außer dem Öl vermischen. Das restliche Öl in einer sauberen Pfanne erhitzen und einen Löffel der Krabbenfleischmischung zu kleinen Küchlein braten. Von beiden Seiten leicht bräunen lassen und sofort servieren.

Krabbencreme

Für 4 Portionen

225 g / 8 oz Krabbenfleisch
5 geschlagene Eier
1 Schalotte (Frühlingszwiebeln), fein gehackt
250 ml / 8 fl oz / 1 Tasse Wasser

5 ml/1 TL Salz

5 ml/1 TL Sesamöl

Alle Zutaten gut vermischen. In eine Schüssel geben, abdecken und im Wasserbad über heißem Wasser oder auf einem Dampfgarer platzieren. Etwa 35 Minuten dünsten, bis eine cremige Konsistenz entsteht, dabei gelegentlich umrühren. Mit Reis servieren.

Krabbenfleisch mit chinesischen Blättern

Für 4 Portionen

450 g / 1 Pfund chinesische Blätter, gehackt

45 ml / 3 EL Pflanzenöl

2 Frühlingszwiebeln (Frühlingszwiebeln), gehackt

225 g / 8 oz Krabbenfleisch

15 ml / 1 EL Sojasauce

15 ml / 1 EL Reiswein oder trockener Sherry

5 ml/1 TL Salz

Die Chinablätter 2 Minuten in kochendem Wasser blanchieren, gut abtropfen lassen und in kaltem Wasser waschen. Das Öl erhitzen und die Schalotten darin leicht goldbraun braten. Das Krabbenfleisch dazugeben und 2 Minuten anbraten. Chinesische Blätter hinzufügen und 4 Minuten braten. Sojasauce, Wein oder Sherry und Salz hinzufügen und gut vermischen. Brühe und Maismehl hinzufügen, zum Kochen bringen und unter Rühren 2 Minuten kochen lassen, bis die Sauce heller und dicker wird.

Crab Foo Yung mit Sojasprossen

Für 4 Portionen

6 geschlagene Eier

45 ml / 3 EL Maismehl (Maisstärke)

225 g / 8 oz Krabbenfleisch

100 g Sojasprossen

2 Frühlingszwiebeln (Frühlingszwiebeln), fein gehackt
2,5 ml/¬Ω Teelöffel Salz
45 ml / 3 EL Erdnussöl (Erdnuss)

Schlagen Sie die Eier und dann das Maismehl auf. Restliche Zutaten außer Öl vermischen. Erhitzen Sie das Öl und gießen Sie die Mischung nach und nach in die Pfanne, sodass kleine Pfannkuchen mit einem Durchmesser von etwa 7,5 cm entstehen. Auf der Unterseite goldbraun braten, wenden und auf der anderen Seite braun anbraten.

Krabbe mit Ingwer

Für 4 Portionen

15 ml / 1 EL Erdnussöl
2 Scheiben Ingwerwurzel, gehackt
4 Frühlingszwiebeln (Frühlingszwiebeln), gehackt
3 Knoblauchzehen, zerdrückt

1 rote Chilischote, gehackt

350 g / 12 oz Krabbenfleisch, in Flocken

2,5 ml/¬Ω TL Fischpaste

2,5 ml/¬Ω TL Sesamöl

15 ml / 1 EL Reiswein oder trockener Sherry

5 ml / 1 TL Maismehl (Maisstärke)

15 ml / 1 Esslöffel Wasser

Das Öl erhitzen und Ingwer, Frühlingszwiebel, Knoblauch und Pfeffer 2 Minuten anbraten. Das Krabbenfleisch hinzufügen und umrühren, bis es gut mit den Gewürzen bedeckt ist. Die Fischpaste hinzufügen. Mischen Sie die restlichen Zutaten zu einer Paste, rühren Sie sie dann in die Pfanne und braten Sie sie 1 Minute lang. Sofort servieren.

Krabbe Lo Mein

Für 4 Portionen

100 g Sojasprossen

30 ml / 2 EL Erdnussöl (Erdnuss)

5 ml/1 TL Salz

1 Zwiebel, in Scheiben geschnitten

100 g Champignons, in Scheiben geschnitten
225 g / 8 oz Krabbenfleisch, in Flocken
100 g Bambussprossen, in Scheiben geschnitten
Nudeln geworfen
30 ml / 2 EL Sojasauce
5 ml/1 TL Zucker
5 ml/1 TL Sesamöl
Salz und frisch gemahlener Pfeffer

Die Sojasprossen in kochendem Wasser 5 Minuten blanchieren und abtropfen lassen. Das Öl erhitzen und das Salz und die Zwiebel goldbraun braten. Pilze dazugeben und anbraten, bis sie weich sind. Das Krabbenfleisch dazugeben und 2 Minuten anbraten. Sojasprossen und Bambussprossen hinzufügen und 1 Minute anbraten. Die abgetropften Nudeln in die Pfanne geben und vorsichtig umrühren. Sojasauce, Zucker und Sesamöl verrühren und mit Salz und Pfeffer würzen. In der Pfanne umrühren, bis alles durchgeheizt ist.

Gebratene Krabben mit Schweinefleisch

Für 4 Portionen
30 ml / 2 EL Erdnussöl (Erdnuss)
100 g gehacktes Schweinefleisch (gemahlen)
350 g / 12 oz Krabbenfleisch, in Flocken

2 Scheiben Ingwerwurzel, gehackt
2 leicht geschlagene Eier
15 ml / 1 EL Sojasauce
15 ml / 1 EL Reiswein oder trockener Sherry
30 ml / 2 Esslöffel Wasser
Salz und frisch gemahlener Pfeffer
4 Frühlingszwiebeln (Frühlingszwiebeln), in Streifen geschnitten

Das Öl erhitzen und das Schweinefleisch anbraten, bis es leicht gebräunt ist. Krabbenfleisch und Ingwer dazugeben und 1 Minute anbraten. Eier vermischen. Sojasauce, Wein oder Sherry, Wasser, Salz und Pfeffer hinzufügen und unter Rühren etwa 4 Minuten kochen lassen. Mit Schnittlauch garniert servieren.

gebratenes Krabbenfleisch

Für 4 Portionen

30 ml / 2 EL Erdnussöl (Erdnuss)
450 g / 1 Pfund Krabbenfleisch, in Flocken
2 Frühlingszwiebeln (Frühlingszwiebeln), gehackt

2 Scheiben Ingwerwurzel, gehackt

30 ml / 2 EL Sojasauce

30 ml / 2 EL Reiswein oder trockener Sherry

2,5 ml/¬Ω Teelöffel Salz

15 ml / 1 EL Maismehl (Maisstärke)

60 ml / 4 Esslöffel Wasser

Das Öl erhitzen und das Krabbenfleisch, die Frühlingszwiebeln und den Ingwer 1 Minute lang anbraten. Sojasauce, Wein oder Sherry und Salz hinzufügen, abdecken und 3 Minuten kochen lassen. Maismehl und Wasser verquirlen, bis eine Paste entsteht, in die Pfanne rühren und unter Rühren kochen, bis die Sauce klar und eingedickt ist.

frittierte Tintenfischbällchen

Für 4 Portionen

450 g/1 Pfund Tintenfisch

50 g Schmalz, püriert

1 Eiweiß

2,5 ml/½ Teelöffel Zucker
2,5 ml/½ TL Maismehl (Maisstärke)
Salz und frisch gemahlener Pfeffer
Frittieröl

Den Tintenfisch putzen und zerkleinern oder pürieren, bis ein Brei entsteht. Mit Schmalz, Eiweiß, Zucker und Speisestärke vermischen und mit Salz und Pfeffer würzen. Drücken Sie die Mischung in kleine Kugeln. Erhitzen Sie das Öl und braten Sie die Tintenfischfrikadellen, bei Bedarf portionsweise, an, bis sie oben im Öl schwimmen und goldbraun sind. Gut abtropfen lassen und sofort servieren.

Kantonesischer Hummer

Für 4 Portionen

2 Hummer

30 ml/2 EL Öl

15 ml / 1 EL schwarze Bohnensauce

1 Knoblauchzehe, zerdrückt

1 gehackte Zwiebel

225 g / 8 oz gehacktes Schweinefleisch (gemahlen)

45 ml / 3 EL Sojasauce

5 ml/1 TL Zucker

Salz und frisch gemahlener Pfeffer

15 ml / 1 EL Maismehl (Maisstärke)

75 ml / 5 Esslöffel Wasser

1 Ei, geschlagen

Die Hummer öffnen, das Fleisch herausnehmen und in 2,5 cm/1 cm große Würfel schneiden. Das Öl erhitzen und die Sauce aus schwarzen Bohnen, Knoblauch und Zwiebeln anbraten, bis sie leicht gebräunt ist. Schweinefleisch hinzufügen und goldbraun braten. Sojasauce, Zucker, Salz, Pfeffer und Hummer hinzufügen, abdecken und etwa 10 Minuten kochen lassen. Maismehl und Wasser verquirlen, bis eine Paste entsteht, in die Pfanne rühren und unter Rühren kochen, bis die Sauce klar und eingedickt ist. Schalten Sie den Herd aus und rühren Sie vor dem Servieren das Ei unter.

gebratener Hummer

Für 4 Portionen

450 g/1 Pfund Hummerfleisch

30 ml / 2 EL Sojasauce
5 ml/1 TL Zucker
1 Ei, geschlagen
30 ml / 3 EL Allzweckmehl (Allzweck)
Frittieröl

Das Hummerfleisch in 2,5 cm/1 cm große Würfel schneiden und mit der Sojasauce und dem Zucker vermengen. 15 Minuten ruhen lassen und dann abtropfen lassen. Ei und Mehl unterrühren, dann den Hummer dazugeben und gut vermischen, bis er bedeckt ist. Das Öl erhitzen und den Hummer goldbraun braten. Vor dem Servieren auf Küchenpapier abtropfen lassen.

Gedämpfter Hummer mit Schinken

Für 4 Portionen
4 leicht geschlagene Eier
60 ml / 4 Esslöffel Wasser

5 ml/1 TL Salz
15 ml / 1 EL Sojasauce
450 g Hummerfleisch, in Scheiben geschnitten
15 ml / 1 EL gehackter Räucherschinken
15 ml/1 EL gehackte frische Petersilie

Die Eier mit Wasser, Salz und Sojasauce verquirlen. In eine hitzebeständige Schüssel füllen und mit Hummerfleisch bestreuen. Stellen Sie die Schüssel auf ein Gestell in einem Dampfgarer, decken Sie sie ab und dämpfen Sie sie 20 Minuten lang, bis die Eier fest sind. Mit Schinken und Petersilie garniert servieren.

Hummer mit Pilzen

Für 4 Portionen
450 g/1 Pfund Hummerfleisch
15 ml / 1 EL Maismehl (Maisstärke)

60 ml / 4 Esslöffel Wasser

30 ml / 2 EL Erdnussöl (Erdnuss)

4 Frühlingszwiebeln (Frühlingszwiebeln), in dicke Scheiben geschnitten

100 g Champignons, in Scheiben geschnitten

2,5 ml/¬Ω Teelöffel Salz

1 Knoblauchzehe, zerdrückt

30 ml / 2 EL Sojasauce

15 ml / 1 EL Reiswein oder trockener Sherry

Schneiden Sie das Hummerfleisch in 2,5 cm große Stücke. Mischen Sie Maismehl und Wasser, bis eine Paste entsteht, und geben Sie die Hummerwürfel zum Überziehen in die Mischung. Die Hälfte des Öls erhitzen und die Hummerwürfel darin anbraten, bis sie leicht gebräunt sind, dann aus der Pfanne nehmen. Das restliche Öl erhitzen und die Schalotten darin anbraten, bis sie leicht gebräunt sind. Die Pilze dazugeben und 3 Minuten anbraten. Salz, Knoblauch, Sojasauce und Wein oder Sherry hinzufügen und 2 Minuten unter Rühren braten. Den Hummer wieder in die Pfanne geben und braten, bis er durchgeheizt ist.

Hummerschwänze mit Schweinefleisch

Für 4 Portionen

3 chinesische getrocknete Pilze
4 Hummerschwänze
60 ml / 4 EL Erdnussöl (Erdnuss)
100 g gehacktes Schweinefleisch (gemahlen)
50 g Wasserkastanien, fein gehackt
Salz und frisch gemahlener Pfeffer
2 Knoblauchzehen, zerdrückt
45 ml / 3 EL Sojasauce
30 ml / 2 EL Reiswein oder trockener Sherry
30 ml / 2 EL schwarze Bohnensauce
10 ml / 2 EL Maismehl (Maisstärke)
120 ml/4 fl oz/¬Ω Tasse Wasser

Die Pilze 30 Minuten in warmem Wasser einweichen und abtropfen lassen. Die Stiele entfernen und die Spitzen hacken. Die Hummerschwänze der Länge nach halbieren. Entfernen Sie das Fleisch von den Hummerschwänzen und bewahren Sie die Schalen auf. Die Hälfte des Olivenöls erhitzen und das Schweinefleisch anbraten, bis es leicht gebräunt ist. Vom Herd nehmen und Pilze, Hummerfleisch, Wasserkastanien, Salz und Pfeffer unterrühren. Drücken Sie das Fleisch wieder in die Hummerschalen und legen Sie es in eine ofenfeste Form. Auf einen Rost im Dampfgarer legen, abdecken und etwa 20 Minuten dämpfen, bis alles gar ist. In der Zwischenzeit das restliche Öl erhitzen und Knoblauch, Sojasauce, Wein oder Sherry und schwarze Bohnensauce 2 Minuten lang anbraten. Maismehl und Wasser verrühren, bis eine Paste entsteht, in die Pfanne rühren und unter Rühren kochen, bis die Sauce eindickt. Den Hummer auf einem vorgewärmten Teller anrichten,

gebratener Hummer

Für 4 Portionen

450 g / 1 Pfund Hummerschwänze

30 ml / 2 EL Erdnussöl (Erdnuss)

1 Knoblauchzehe, zerdrückt

2,5 ml/¬Ω Teelöffel Salz

350 g Sojasprossen

50 g Champignons

4 Frühlingszwiebeln (Frühlingszwiebeln), in dicke Scheiben geschnitten

150 ml/¬º pt/großzügige ¬Ω Tasse Hühnerbrühe

15 ml / 1 EL Maismehl (Maisstärke)

Einen Topf Wasser zum Kochen bringen, die Hummerschwänze hinzufügen und 1 Minute kochen lassen. Abgießen, abkühlen lassen, die Haut entfernen und in dicke Scheiben schneiden. Das Olivenöl mit dem Knoblauch und Salz erhitzen und anbraten, bis der Knoblauch leicht gebräunt ist. Den Hummer dazugeben und 1 Minute anbraten. Sojasprossen und Pilze dazugeben und 1 Minute anbraten. Den Schnittlauch untermischen. Den größten Teil der Brühe hinzufügen, zum Kochen bringen, abdecken und 3 Minuten kochen lassen. Die Speisestärke mit der restlichen Brühe vermischen, in die Pfanne rühren und unter Rühren kochen, bis die Soße klar wird und eindickt.

Hummernester

Für 4 Portionen

30 ml / 2 EL Erdnussöl (Erdnuss)

5 ml/1 TL Salz

1 Zwiebel, in dünne Scheiben geschnitten

100 g Champignons, in Scheiben geschnitten

100 g / 4 oz Bambussprossen, in Scheiben geschnitten 225 g / 8 oz gekochtes Hummerfleisch

15 ml / 1 EL Reiswein oder trockener Sherry

120 ml/4 fl oz/¬Ω Tasse Hühnerbrühe

Prise frisch gemahlener Pfeffer

10 ml / 2 TL Maismehl (Maisstärke)

15 ml / 1 Esslöffel Wasser

4 Körbe Nudeln

Das Öl erhitzen und das Salz und die Zwiebel goldbraun braten. Pilze und Bambussprossen dazugeben und 2 Minuten anbraten. Hummerfleisch, Wein oder Sherry und Brühe hinzufügen, zum Kochen bringen, abdecken und 2 Minuten kochen lassen. Pfeffern. Maismehl und Wasser verrühren, bis eine Paste entsteht, in die Pfanne rühren und unter Rühren kochen, bis die

Sauce eindickt. Die Nudelnester auf einem vorgewärmten Teller anrichten und mit dem frittierten Hummer belegen.

Muscheln in schwarzer Bohnensauce

Für 4 Portionen

45 ml / 3 EL Erdnussöl (Erdnuss)

2 Knoblauchzehen, zerdrückt

2 Scheiben Ingwerwurzel, gehackt

30 ml / 2 EL schwarze Bohnensauce

15 ml / 1 EL Sojasauce

1,5 kg Muscheln, gerieben und gehobelt

2 Frühlingszwiebeln (Frühlingszwiebeln), gehackt

Erhitzen Sie das Öl und braten Sie Knoblauch und Ingwer 30 Sekunden lang an. Schwarze Bohnensauce und Sojasauce hinzufügen und 10 Sekunden lang anbraten. Die Muscheln dazugeben, abdecken und etwa 6 Minuten garen, bis sich die Muscheln öffnen. Entsorgen Sie alle, die geschlossen bleiben. Auf eine vorgewärmte Platte geben und mit Schnittlauch bestreut servieren.

Muscheln mit Ingwer

Für 4 Portionen

45 ml / 3 EL Erdnussöl (Erdnuss)
2 Knoblauchzehen, zerdrückt
4 Scheiben Ingwerwurzel, gehackt
1,5 kg Muscheln, gerieben und gehobelt
45 ml / 3 Esslöffel Wasser
15 ml / 1 EL Austernsauce

Erhitzen Sie das Öl und braten Sie Knoblauch und Ingwer 30 Sekunden lang an. Muscheln und Wasser hinzufügen, abdecken und ca. 6 Minuten garen, bis sich die Muscheln öffnen. Entsorgen Sie alle, die geschlossen bleiben. Auf eine vorgewärmte Platte geben und mit Austernsauce bestreut servieren.

gekochte Muscheln

Für 4 Portionen

1,5 kg Muscheln, gerieben und gehobelt

45 ml / 3 EL Sojasauce

3 Frühlingszwiebeln (Frühlingszwiebeln), fein gehackt

Muscheln auf einem Rost im Dampfgarer anrichten, abdecken und in kochendem Wasser etwa 10 Minuten dämpfen, bis sich alle Muscheln geöffnet haben. Entsorgen Sie alle, die geschlossen bleiben. Auf eine vorgewärmte Platte geben und mit Sojasauce und Schnittlauch bestreut servieren.

gebratene Austern

Für 4 Portionen

24 Austern, geschält

Salz und frisch gemahlener Pfeffer

1 Ei, geschlagen

50 g / 2 oz / ¬Ω Tasse einfaches Mehl (Allzweck)

250 ml / 8 fl oz / 1 Tasse Wasser

Frittieröl

4 Frühlingszwiebeln (Frühlingszwiebeln), gehackt

Die Austern mit Salz und Pfeffer bestreuen. Das Ei mit Mehl und Wasser zu einem Teig verrühren und damit die Austern bedecken. Das Öl erhitzen und die Austern goldbraun braten. Auf Küchenpapier abtropfen lassen und mit Schnittlauch dekoriert servieren.

Austern mit Speck

Für 4 Portionen

175 g / 6 Unzen Speck

24 Austern, geschält

1 Ei, leicht geschlagen

15 ml / 1 Esslöffel Wasser

45 ml / 3 EL Erdnussöl (Erdnuss)

2 Zwiebeln, gehackt

15 ml / 1 EL Maismehl (Maisstärke)

15 ml / 1 EL Sojasauce

90 ml / 6 EL Hühnerbrühe

Schneiden Sie den Speck in Stücke und wickeln Sie ein Stück um jede Auster. Das Ei mit dem Wasser verquirlen und in die Austern tauchen, sodass sie bedeckt sind. Die Hälfte des Öls erhitzen und die Austern darin von beiden Seiten leicht bräunen lassen, aus der Pfanne nehmen und das Fett abtropfen lassen. Das restliche Öl erhitzen und die Zwiebeln darin anbraten, bis sie weich sind. Maismehl, Sojasauce und Brühe verrühren, bis eine Paste entsteht, in die Pfanne gießen und unter Rühren kochen, bis die Sauce aufgehellt und eingedickt ist. Über die Austern gießen und sofort servieren.

Gebratene Austern mit Ingwer

Für 4 Portionen

24 Austern, geschält

2 Scheiben Ingwerwurzel, gehackt

30 ml / 2 EL Sojasauce

15 ml / 1 EL Reiswein oder trockener Sherry

4 Frühlingszwiebeln (Frühlingszwiebeln), in Streifen geschnitten

100 g Speck

1 Ei

50 g/2 oz/¬Ω Tasse einfaches Mehl (Allzweck)

Salz und frisch gemahlener Pfeffer

Frittieröl

1 Zitrone, in Spalten geschnitten

Die Austern mit Ingwer, Sojasauce und Wein oder Sherry in eine Schüssel geben und vermengen. 30 Minuten ruhen lassen. Auf jede Auster ein paar Schnittlauchstreifen legen. Schneiden Sie den Speck in Stücke und wickeln Sie ein Stück um jede Auster. Ei und Mehl zu einem Teig verrühren und mit Salz und Pfeffer würzen. Tauchen Sie die Austern in den Teig, bis sie gut bedeckt sind. Das Öl erhitzen und die Austern goldbraun braten. Mit Zitronenscheiben garniert servieren.

Austern mit schwarzer Bohnensauce

Für 4 Portionen

350 g / 12 Unzen geschälte Austern
120 ml/4 fl oz/¬Ω Tasse Erdnussöl (Erdnuss)
2 Knoblauchzehen, zerdrückt
3 Frühlingszwiebeln (Frühlingszwiebeln), in Scheiben geschnitten
15 ml / 1 EL schwarze Bohnensauce
30 ml / 2 EL dunkle Sojasauce
15 ml / 1 EL Sesamöl
Prise Chilipulver

Die Austern 30 Sekunden in kochendem Wasser blanchieren und abtropfen lassen. Das Öl erhitzen und Knoblauch und Schnittlauch 30 Sekunden anbraten. Schwarze Bohnensauce, Sojasauce, Sesamöl und Austern dazugeben und mit Chilipulver abschmecken. Braten, bis es warm ist, und sofort servieren.

Jakobsmuscheln mit Bambussprossen

Für 4 Portionen

60 ml / 4 EL Erdnussöl (Erdnuss)

6 Frühlingszwiebeln (Frühlingszwiebeln), gehackt

225 g / 8 oz Champignons, in Viertel geschnitten

15 ml / 1 Esslöffel Zucker

450 g / 1 Pfund geschälte Jakobsmuscheln

2 Scheiben Ingwerwurzel, gehackt

225 g Bambussprossen, in Scheiben geschnitten

Salz und frisch gemahlener Pfeffer

300 ml/Ω pt/1 ¬te Tasse Wasser

30 ml/2 EL Weinessig

30 ml / 2 EL Maismehl (Maisstärke)

150 ml/¬° pt/großzügige ¬Ω Tasse Wasser

45 ml / 3 EL Sojasauce

Das Öl erhitzen und die Zwiebeln und Pilze 2 Minuten anbraten. Zucker, Jakobsmuscheln, Ingwer, Bambussprossen, Salz und Pfeffer hinzufügen, abdecken und 5 Minuten kochen lassen. Wasser und Weinessig hinzufügen, zum Kochen bringen, abdecken und 5 Minuten kochen lassen. Maismehl und Wasser verrühren, bis eine Paste entsteht, in die Pfanne rühren und unter

Rühren kochen, bis die Sauce eindickt. Mit Sojasauce würzen und servieren.

Jakobsmuscheln mit Ei

Für 4 Portionen
45 ml / 3 EL Erdnussöl (Erdnuss)
350 g geschälte Jakobsmuscheln
25 g geräucherter Schinken, gehackt
30 ml / 2 EL Reiswein oder trockener Sherry
5 ml/1 TL Zucker
2,5 ml/¬Ω Teelöffel Salz
Prise frisch gemahlener Pfeffer
2 leicht geschlagene Eier
15 ml / 1 EL Sojasauce

Das Öl erhitzen und die Jakobsmuscheln 30 Sekunden braten. Den Schinken dazugeben und 1 Minute anbraten. Wein oder Sherry, Zucker, Salz und Pfeffer hinzufügen und 1 Minute anbraten. Fügen Sie die Eier hinzu und rühren Sie bei starker Hitze vorsichtig um, bis die Zutaten gut mit dem Ei vermischt sind. Mit Sojasauce bestreut servieren.

Jakobsmuscheln mit Brokkoli

Für 4 Portionen

350 g Jakobsmuscheln, in Scheiben geschnitten

3 Scheiben Ingwerwurzel, gehackt

¬Ω kleine Karotte, in Scheiben geschnitten

1 Knoblauchzehe, zerdrückt

45 ml / 3 EL Mehl (Allzweckmehl)

2,5 ml/¬Ω TL Backpulver (Backpulver)

30 ml / 2 EL Erdnussöl (Erdnuss)

15 ml / 1 Esslöffel Wasser

1 Banane, in Scheiben geschnitten

Frittieröl

275 g / 10 Unzen Brokkoli

Salz

5 ml/1 TL Sesamöl

2,5 ml/¬Ω TL Chilisauce

2,5 ml/¬Ω TL Weinessig

2,5 ml/¬Ω TL Tomatenpüree (Paste)

Die Jakobsmuscheln mit Ingwer, Karotten und Knoblauch vermischen und beiseite stellen. Mehl, Backpulver, 15 ml/1 EL Öl und Wasser vermischen, bis eine Paste entsteht, und damit die

Bananenscheiben bestreichen. Das Öl erhitzen und die Banane goldbraun braten, abtropfen lassen und auf einem warmen Servierteller anrichten. In der Zwischenzeit den Brokkoli in kochendem Salzwasser kochen, bis er weich ist, und abtropfen lassen. Das restliche Öl mit dem Sesamöl erhitzen und den Brokkoli kurz anbraten, dann mit den Bananen auf dem Teller anrichten. Chilisauce, Weinessig und Tomatenpüree in die Pfanne geben und die Jakobsmuscheln anbraten, bis sie gar sind. Auf einem Servierteller anrichten und sofort servieren.

Jakobsmuscheln mit Ingwer

Für 4 Portionen

45 ml / 3 EL Erdnussöl (Erdnuss)
2,5 ml/¬Ω Teelöffel Salz
3 Scheiben Ingwerwurzel, gehackt
2 Frühlingszwiebeln (Frühlingszwiebeln), in dicke Scheiben geschnitten
450 g geschälte Jakobsmuscheln, halbiert
15 ml / 1 EL Maismehl (Maisstärke)
60 ml / 4 Esslöffel Wasser

Das Öl erhitzen und das Salz und den Ingwer 30 Sekunden lang anbraten. Den Schnittlauch hinzufügen und anbraten, bis er leicht gebräunt ist. Die Jakobsmuscheln dazugeben und 3 Minuten anbraten. Maismehl und Wasser vermischen, bis eine Paste entsteht, in die Pfanne geben und unter Rühren kochen, bis die Masse eingedickt ist. Sofort servieren.

Jakobsmuscheln mit Schinken

Für 4 Portionen

450 g geschälte Jakobsmuscheln, halbiert
250 ml / 8 fl oz / 1 Tasse Reiswein oder trockener Sherry
1 Zwiebel, fein gehackt
2 Scheiben Ingwerwurzel, gehackt
2,5 ml/¬Ω Teelöffel Salz
100 g geräucherter Schinken, gehackt

Die Jakobsmuscheln in eine Schüssel geben und den Wein oder Sherry hinzufügen. Abdecken und 30 Minuten marinieren, dabei gelegentlich wenden, dann die Jakobsmuscheln abtropfen lassen und die Marinade wegschütten. Legen Sie die Jakobsmuscheln mit den anderen Zutaten in ein feuerfestes Backblech. Stellen Sie das Gericht auf einen Rost in einen Dampfgarer, decken Sie es ab und dämpfen Sie es etwa 6 Minuten lang in kochendem Wasser, bis die Jakobsmuscheln weich sind.

Jakobsmuschel-Rührei mit Kräutern

Für 4 Portionen
225g geschälte Jakobsmuscheln
30 ml / 2 EL gehackter frischer Koriander
4 geschlagene Eier
15 ml / 1 EL Reiswein oder trockener Sherry
Salz und frisch gemahlener Pfeffer
15 ml / 1 EL Erdnussöl

Legen Sie die Jakobsmuscheln in einen Dampfgarer und dämpfen Sie sie je nach Größe etwa 3 Minuten lang, bis sie gar sind. Vom Dampf nehmen und mit Koriander bestreuen. Die Eier mit dem Wein oder Sherry verquirlen und mit Salz und Pfeffer abschmecken. Jakobsmuscheln und Koriander hinzufügen. Erhitzen Sie das Öl und braten Sie die Ei-Jakobsmuschel-Mischung unter ständigem Rühren an, bis die Eier fest sind. Sofort servieren.

Jakobsmuschel und Zwiebeln unter Rühren anbraten

Für 4 Portionen

45 ml / 3 EL Erdnussöl (Erdnuss)
1 Zwiebel, in Scheiben geschnitten
450 g geschälte Jakobsmuscheln, geviertelt
Salz und frisch gemahlener Pfeffer
15 ml / 1 EL Reiswein oder trockener Sherry

Das Öl erhitzen und die Zwiebel anbraten, bis sie zusammenfällt. Die Jakobsmuscheln dazugeben und anbraten, bis sie leicht gebräunt sind. Mit Salz und Pfeffer würzen, mit Wein oder Sherry bestreuen und sofort servieren.

Jakobsmuscheln mit Gemüse

Für 4 bis 6 Personen

4 chinesische getrocknete Pilze

2 Zwiebeln

30 ml / 2 EL Erdnussöl (Erdnuss)

3 Selleriestangen, diagonal in Scheiben geschnitten

225 g grüne Bohnen, diagonal in Scheiben geschnitten

10 ml / 2 TL geriebene Ingwerwurzel

1 Knoblauchzehe, zerdrückt

20 ml / 4 TL Maismehl (Maisstärke)

250 ml / 8 fl oz / 1 Tasse Hühnerbrühe

30 ml / 2 EL Reiswein oder trockener Sherry

30 ml / 2 EL Sojasauce

450 g geschälte Jakobsmuscheln, geviertelt

6 Frühlingszwiebeln (Frühlingszwiebeln), in Scheiben geschnitten

425 g Maiskolben aus der Dose

Die Pilze 30 Minuten in warmem Wasser einweichen und abtropfen lassen. Die Stiele entfernen und die Spitzen abschneiden. Die Zwiebeln in Spalten schneiden und die Schichten trennen. Das Öl erhitzen und Zwiebeln, Sellerie, Bohnen, Ingwer und Knoblauch 3 Minuten anbraten. Das Maismehl mit einem Teil der Brühe einrühren, dann die restliche Brühe, den Wein oder Sherry und die Sojasauce hinzufügen. In den Wok geben und unter Rühren zum Kochen bringen. Pilze, Jakobsmuscheln, Frühlingszwiebeln und Mais dazugeben und etwa 5 Minuten anbraten, bis die Jakobsmuscheln weich sind.

Jakobsmuscheln mit Paprika

Für 4 Portionen

30 ml / 2 EL Erdnussöl (Erdnuss)
3 Frühlingszwiebeln (Frühlingszwiebeln), gehackt
1 Knoblauchzehe, zerdrückt
2 Scheiben Ingwerwurzel, gehackt
2 rote Paprika, gewürfelt
450 g / 1 Pfund geschälte Jakobsmuscheln
30 ml / 2 EL Reiswein oder trockener Sherry
15 ml / 1 EL Sojasauce

15 ml / 1 EL gelbe Bohnensauce
5 ml/1 TL Zucker
5 ml/1 TL Sesamöl

Das Öl erhitzen und Schalotten, Knoblauch und Ingwer 30 Sekunden anbraten. Die Paprika dazugeben und 1 Minute anbraten. Die Jakobsmuscheln hinzufügen und 30 Sekunden lang anbraten, dann die restlichen Zutaten hinzufügen und etwa 3 Minuten kochen lassen, bis die Jakobsmuscheln weich sind.

Tintenfisch mit Sojasprossen

Für 4 Portionen

450 g/1 Pfund Tintenfisch
30 ml / 2 EL Erdnussöl (Erdnuss)
15 ml / 1 EL Reiswein oder trockener Sherry
100 g Sojasprossen
15 ml / 1 EL Sojasauce
Salz
1 rote Chilischote, gerieben

2 Scheiben Ingwerwurzel, gerieben

2 Frühlingszwiebeln (Frühlingszwiebeln), gerieben

Kopf, Eingeweide und Membran vom Tintenfisch entfernen und in große Stücke schneiden. Schneiden Sie auf jedes Stück ein Kreuzmuster. Einen Topf mit Wasser zum Kochen bringen, den Tintenfisch hinzufügen und kochen, bis sich die Stücke zusammenrollen, dann herausnehmen und abtropfen lassen. Die Hälfte des Olivenöls erhitzen und den Tintenfisch kurz anbraten. Mit Wein oder Sherry bestreuen. In der Zwischenzeit das restliche Öl erhitzen und die Sojasprossen weich braten. Mit Sojasauce und Salz würzen. Chilischoten, Ingwer und Frühlingszwiebeln auf einem Servierteller anrichten. Die Sojasprossen in der Mitte anhäufen und den Tintenfisch darauflegen. Sofort servieren.

fritierter Tintenfisch

Für 4 Portionen

50 g / 2 oz einfaches Mehl (Allzweck)

25 g Maismehl (Maisstärke)

2,5 ml/½ TL Backpulver

2,5 ml/½ Teelöffel Salz

1 Ei

75 ml / 5 Esslöffel Wasser

15 ml / 1 EL Erdnussöl

450 g/1 Pfund Tintenfisch, in Ringe geschnitten

Frittieröl

Mehl, Maismehl, Hefe, Salz, Ei, Wasser und Öl zu einem Teig verrühren. Tauchen Sie den Tintenfisch in den Teig, bis er gut bedeckt ist. Das Öl erhitzen und den Tintenfisch nach und nach goldbraun braten. Vor dem Servieren auf Küchenpapier abtropfen lassen.

Tintenfischpackungen

Für 4 Portionen

8 chinesische getrocknete Pilze

450 g/1 Pfund Tintenfisch

100 g geräucherter Schinken
100 g Tofu
1 Ei, geschlagen
15 ml / 1 EL Mehl (Allzweckmehl)
2,5 ml/¬Ω Teelöffel Zucker
2,5 ml/¬Ω TL Sesamöl
Salz und frisch gemahlener Pfeffer
8 Wan-Tan-Häute
Frittieröl

Die Pilze 30 Minuten in warmem Wasser einweichen und abtropfen lassen. Entsorgen Sie die Stiele. Den Tintenfisch putzen und in 8 Stücke schneiden. Schinken und Tofu in 8 Stücke schneiden. Alles in eine Schüssel geben. Das Ei mit Mehl, Zucker, Sesamöl, Salz und Pfeffer verrühren. Die Zutaten in die Schüssel geben und vorsichtig vermischen. Ordnen Sie eine Pilzkappe und ein Stück Tintenfisch, Schinken und Tofu direkt unter der Mitte jeder Wan-Tan-Haut an. Falten Sie die untere Ecke, falten Sie die Seiten und rollen Sie sie. Befeuchten Sie die Kanten zum Verschließen mit Wasser. Das Öl erhitzen und die Scheiben etwa 8 Minuten goldbraun braten. Vor dem Servieren gut abtropfen lassen.

Gebratene Tintenfischröllchen

Für 4 Portionen

45 ml / 3 EL Erdnussöl (Erdnuss)
225g / 8oz Tintenfischringe
1 große grüne Paprika, in Stücke geschnitten
100 g Bambussprossen, in Scheiben geschnitten
2 Frühlingszwiebeln (Frühlingszwiebeln), fein gehackt
1 Scheibe Ingwerwurzel, fein gehackt
45 ml / 2 EL Sojasauce
30 ml / 2 EL Reiswein oder trockener Sherry
15 ml / 1 EL Maismehl (Maisstärke)
15 ml / 1 EL Fischfond oder Wasser
5 ml/1 TL Zucker
5 ml/1 TL Weinessig
5 ml/1 TL Sesamöl

Salz und frisch gemahlener Pfeffer

15 ml / 1 EL Öl erhitzen und die Tintenfischringe kurz anbraten, bis sie scharf angebraten sind. In der Zwischenzeit das restliche Öl in einer separaten Pfanne erhitzen und Chili, Bambussprossen, Frühlingszwiebeln und Ingwer 2 Minuten anbraten. Den Tintenfisch dazugeben und 1 Minute anbraten. Sojasauce, Wein oder Sherry, Maismehl, Brühe, Zucker, Weinessig und Sesamöl einrühren und mit Salz und Pfeffer würzen. Braten, bis die Soße klar und eindickend wird.

geschmorter Tintenfisch

Für 4 Portionen

45 ml / 3 EL Erdnussöl (Erdnuss)

3 Frühlingszwiebeln (Frühlingszwiebeln), in dicke Scheiben geschnitten

2 Scheiben Ingwerwurzel, gehackt

450 g/1 Pfund Tintenfisch, in Stücke geschnitten

15 ml / 1 EL Sojasauce

15 ml / 1 EL Reiswein oder trockener Sherry
5 ml / 1 TL Maismehl (Maisstärke)
15 ml / 1 Esslöffel Wasser

Das Öl erhitzen und die Frühlingszwiebeln und den Ingwer darin anbraten, bis sie weich sind. Den Tintenfisch dazugeben und anbraten, bis er mit Öl bedeckt ist. Sojasauce und Wein oder Sherry hinzufügen, abdecken und 2 Minuten kochen lassen. Maismehl und Wasser verrühren, bis eine Paste entsteht, in die Pfanne geben und unter Rühren kochen, bis die Sauce eindickt und der Tintenfisch zart ist.

Tintenfisch mit getrockneten Pilzen

Für 4 Portionen
50 g getrocknete chinesische Pilze
450 g Tintenfischringe
45 ml / 3 EL Erdnussöl (Erdnuss)
45 ml / 3 EL Sojasauce
2 Frühlingszwiebeln (Frühlingszwiebeln), fein gehackt
1 Scheibe Ingwerwurzel, gehackt
225 g Bambussprossen, in Streifen geschnitten
30 ml / 2 EL Maismehl (Maisstärke)
150 ml/¬° pt/großzügige ¬Ω Tasse Fischbrühe

Die Pilze 30 Minuten in warmem Wasser einweichen und abtropfen lassen. Die Stiele entfernen und die Spitzen abschneiden. Die Tintenfischringe einige Sekunden in kochendem Wasser blanchieren. Öl erhitzen, Pilze, Sojasauce, Frühlingszwiebeln und Ingwer dazugeben und 2 Minuten anbraten. Den Tintenfisch und die Bambussprossen dazugeben und 2 Minuten anbraten. Maismehl und Brühe vermischen und in der Pfanne verrühren. Unter Rühren kochen, bis die Soße klar wird und eindickt.

Tintenfisch mit Gemüse

Für 4 Portionen

45 ml / 3 EL Erdnussöl (Erdnuss)
1 Zwiebel, in Scheiben geschnitten
5 ml/1 TL Salz
450 g/1 Pfund Tintenfisch, in Stücke geschnitten
100 g Bambussprossen, in Scheiben geschnitten
2 Selleriestangen, schräg geschnitten
60 ml / 4 EL Hühnerbrühe
5 ml/1 TL Zucker

100 g Zuckererbsen (Erbsen)

5 ml / 1 TL Maismehl (Maisstärke)

15 ml / 1 Esslöffel Wasser

Das Öl erhitzen und die Zwiebel und das Salz leicht goldbraun braten. Den Tintenfisch dazugeben und anbraten, bis er mit Öl bedeckt ist. Bambussprossen und Sellerie hinzufügen und 3 Minuten anbraten. Brühe und Zucker hinzufügen, zum Kochen bringen, abdecken und 3 Minuten kochen lassen, bis das Gemüse weich ist. Mischen Sie das Management. Maismehl und Wasser verrühren, bis eine Paste entsteht, in die Pfanne rühren und unter Rühren kochen, bis die Sauce eindickt.

Geschmortes Anissteak

Für 4 Portionen

30 ml / 2 EL Erdnussöl (Erdnuss)

450 g/1 Pfund Steak

1 Knoblauchzehe, zerdrückt

45 ml / 3 EL Sojasauce

15 ml / 1 Esslöffel Wasser

15 ml / 1 EL Reiswein oder trockener Sherry

5 ml/1 TL Salz

5 ml/1 TL Zucker

2 Zehen Sternanis

Das Öl erhitzen und das Fleisch anbraten, bis es von allen Seiten braun ist. Die restlichen Zutaten hinzufügen, zum Kochen bringen, abdecken und etwa 45 Minuten leicht garen, dann das Fleisch wenden und noch etwas Wasser und Sojasauce hinzufügen, falls das Fleisch austrocknet. Weitere 45 Minuten kochen, bis das Fleisch zart ist. Den Sternanis vor dem Servieren wegwerfen.

Rindfleisch mit Spargel

Für 4 Portionen

450 g Rumpsteak, gewürfelt

30 ml / 2 EL Sojasauce

30 ml / 2 EL Reiswein oder trockener Sherry

45 ml / 3 EL Maismehl (Maisstärke)

45 ml / 3 EL Erdnussöl (Erdnuss)

5 ml/1 TL Salz

1 Knoblauchzehe, zerdrückt

350 g Spargelspitzen

120 ml/4 fl oz/¬Ω Tasse Hühnerbrühe

15 ml / 1 EL Sojasauce

Legen Sie das Steak in eine Schüssel. Sojasauce, Wein oder Sherry und 30 ml/2 EL Speisestärke vermischen, über das Steak gießen und gut vermischen. 30 Minuten marinieren lassen. Das Öl mit Salz und Knoblauch erhitzen und anbraten, bis der Knoblauch leicht gebräunt ist. Fleisch und Marinade dazugeben und 4 Minuten anbraten. Den Spargel dazugeben und 2 Minuten leicht anbraten. Brühe und Sojasauce hinzufügen, zum Kochen bringen und unter Rühren 3 Minuten kochen lassen, bis das Fleisch gar ist. Das restliche Maismehl mit etwas mehr Wasser oder Brühe verrühren und in die Soße rühren. Unter Rühren einige Minuten kochen, bis die Sauce heller und dicker wird.

Fleisch mit Bambussprossen

Für 4 Portionen

45 ml / 3 EL Erdnussöl (Erdnuss)
1 Knoblauchzehe, zerdrückt
1 Schalotte (Frühlingszwiebeln), gehackt
1 Scheibe Ingwerwurzel, gehackt
225 g / 8 oz mageres Rindfleisch, in Streifen geschnitten
100 g Bambussprossen
45 ml / 3 EL Sojasauce
15 ml / 1 EL Reiswein oder trockener Sherry

5 ml / 1 TL Maismehl (Maisstärke)

Das Öl erhitzen und Knoblauch, Schalotten und Ingwer leicht goldbraun braten. Das Fleisch hinzufügen und 4 Minuten braten, bis es leicht gebräunt ist. Bambussprossen hinzufügen und 3 Minuten anbraten. Sojasauce, Wein oder Sherry und Maismehl hinzufügen und 4 Minuten anbraten.

Fleisch mit Bambussprossen und Pilzen

Für 4 Portionen

225 g / 8 oz mageres Rindfleisch
45 ml / 3 EL Erdnussöl (Erdnuss)
1 Scheibe Ingwerwurzel, gehackt
100 g Bambussprossen, in Scheiben geschnitten
100 g Champignons, in Scheiben geschnitten
45 ml / 3 EL Reiswein oder trockener Sherry
5 ml/1 TL Zucker
10 ml/2 TL Sojasauce
Salz und Pfeffer

120 ml/4 fl oz/½ Tasse Rinderbrühe
15 ml / 1 EL Maismehl (Maisstärke)
30 ml / 2 Esslöffel Wasser

Das Fleisch gegen die Faserrichtung in dünne Scheiben schneiden. Das Öl erhitzen und den Ingwer einige Sekunden anbraten. Das Fleisch hinzufügen und goldbraun braten. Bambussprossen und Pilze hinzufügen und 1 Minute anbraten. Wein oder Sherry, Zucker und Sojasauce hinzufügen und mit Salz und Pfeffer würzen. Die Brühe hinzufügen, zum Kochen bringen, abdecken und 3 Minuten kochen lassen. Speisestärke und Wasser vermischen, in die Pfanne rühren und unter Rühren kochen, bis die Soße eindickt.

Chinesisches Roastbeef

Für 4 Portionen
45 ml / 3 EL Erdnussöl (Erdnuss)
900 g Chucksteak
1 Schalotte (Frühlingszwiebeln), in Scheiben geschnitten
1 Knoblauchzehe, gehackt
1 Scheibe Ingwerwurzel, gehackt
60 ml / 4 EL Sojasauce
30 ml / 2 EL Reiswein oder trockener Sherry
5 ml/1 TL Zucker

5 ml/1 TL Salz

Prise Pfeffer

750 ml/1 Teelöffel/3 Tassen kochendes Wasser

Das Öl erhitzen und das Fleisch darin von allen Seiten kräftig anbraten. Schalotten, Knoblauch, Ingwer, Sojasauce, Wein oder Sherry, Zucker, Salz und Pfeffer hinzufügen. Unter Rühren zum Kochen bringen. Das kochende Wasser dazugeben, unter Rühren zum Kochen bringen, dann zugedeckt etwa 2 Stunden garen, bis das Fleisch zart ist.

Fleisch mit Sojasprossen

Für 4 Portionen

450 g/1 Pfund mageres Rindfleisch, in Scheiben geschnitten

1 Eiweiß

30 ml / 2 EL Erdnussöl (Erdnuss)

15 ml / 1 EL Maismehl (Maisstärke)

15 ml / 1 EL Sojasauce

100 g Sojasprossen

25 g Sauerkraut, gehackt

1 rote Chilischote, gerieben

2 Frühlingszwiebeln (Frühlingszwiebeln), gerieben
2 Scheiben Ingwerwurzel, gerieben
Salz
5 ml/1 TL Austernsauce
5 ml/1 TL Sesamöl

Das Fleisch mit dem Eiweiß, der Hälfte des Olivenöls, dem Maismehl und der Sojasauce vermischen und 30 Minuten ruhen lassen. Die Sojasprossen in kochendem Wasser ca. 8 Minuten blanchieren, bis sie fast weich sind, dann abtropfen lassen. Das restliche Öl erhitzen und das Fleisch anbraten, bis es leicht gebräunt ist, dann aus der Pfanne nehmen. Eingelegten Kohl, Chilischote, Ingwer, Salz, Austernsauce und Sesamöl hinzufügen und 2 Minuten unter Rühren braten. Die Sojasprossen hinzufügen und 2 Minuten anbraten. Geben Sie das Fleisch wieder in die Pfanne und braten Sie es an, bis es gut vermischt und durchgewärmt ist. Sofort servieren.

Rindfleisch mit Broccoli

Für 4 Portionen

450 g Rumpsteak, in dünne Scheiben geschnitten
30 ml / 2 EL Maismehl (Maisstärke)
15 ml / 1 EL Reiswein oder trockener Sherry
15 ml / 1 EL Sojasauce
30 ml / 2 EL Erdnussöl (Erdnuss)
5 ml/1 TL Salz
1 Knoblauchzehe, zerdrückt
225 g Brokkoliröschen
150 ml/¬° pt/großzügige ¬Ω Tasse Rinderbrühe

Legen Sie das Steak in eine Schüssel. 15 ml/1 TL Maismehl mit Wein oder Sherry und Sojasauce vermischen, unter das Fleisch rühren und 30 Minuten marinieren. Das Öl mit Salz und Knoblauch erhitzen und anbraten, bis der Knoblauch leicht gebräunt ist. Steak und Marinade dazugeben und 4 Minuten anbraten. Den Brokkoli dazugeben und 3 Minuten anbraten. Brühe hinzufügen, zum Kochen bringen, abdecken und 5 Minuten kochen lassen, bis der Brokkoli zart, aber noch knusprig ist. Das restliche Maismehl mit etwas Wasser vermischen und in die Soße einrühren. Unter Rühren kochen, bis die Soße klar wird und eindickt.

Sesam-Rindfleisch mit Brokkoli

Für 4 Portionen

150 g / 5 oz mageres Rindfleisch, in dünne Scheiben geschnitten

2,5 ml/¬Ω TL Austernsauce

5 ml / 1 TL Maismehl (Maisstärke)

5 ml/1 TL Weißweinessig

60 ml / 4 EL Erdnussöl (Erdnuss)

100 g Brokkoliröschen

5 ml / 1 TL Fischsauce

2,5 ml/¬Ω TL Sojasauce

250 ml / 8 fl oz / 1 Tasse Rinderbrühe

30 ml / 2 EL Sesamkörner

Marinieren Sie das Fleisch mit der Austernsauce, 2,5 ml/¬Ω TL Maismehl, 2,5 ml/¬Ω TL Weinessig und 15 ml/1 EL Öl 1 Stunde lang.

In der Zwischenzeit 15 ml/1 EL Öl erhitzen, Brokkoli, 2,5 ml/¬Ω TL Fischsauce, Sojasauce und restlichen Weinessig hinzufügen und mit kochendem Wasser bedecken. Etwa 10 Minuten kochen, bis es weich ist.

30 ml/2 EL Öl in einer separaten Pfanne erhitzen und das Fleisch kurz anbraten, bis es scharf ist. Die Brühe, das restliche Maismehl und die Fischsauce hinzufügen, aufkochen lassen und zugedeckt etwa 10 Minuten garen, bis das Fleisch zart ist. Den Brokkoli abtropfen lassen und auf einem vorgewärmten Teller anrichten. Mit Fleisch belegen und großzügig mit Sesamkörnern bestreuen.

Roastbeef

Für 4 Portionen

450 g/1 Pfund mageres Rindfleisch, in Scheiben geschnitten
60 ml / 4 EL Sojasauce
2 Knoblauchzehen, zerdrückt
5 ml/1 TL Salz
2,5 ml/¬Ω Teelöffel frisch gemahlener Pfeffer
10 ml / 2 Teelöffel Zucker

Alle Zutaten vermischen und 3 Stunden marinieren lassen. Über einem heißen Grill etwa 5 Minuten pro Seite grillen oder grillen.

Kantonesisches Rindfleisch

Für 4 Portionen

30 ml / 2 EL Maismehl (Maisstärke)
2 Eiweiß, geschlagen
450 g Steak, in Streifen geschnitten
Frittieröl
4 Selleriestangen, in Scheiben geschnitten
2 Zwiebeln, in Scheiben geschnitten
60 ml / 4 Esslöffel Wasser
20 ml / 4 Teelöffel Salz

75 ml / 5 EL Sojasauce
60 ml / 4 EL Reiswein oder trockener Sherry
30 ml / 2 Esslöffel Zucker
frisch gemahlener Pfeffer

Die Hälfte des Maismehls mit dem Eiweiß vermischen. Fügen Sie das Steak hinzu und vermischen Sie es, bis das Fleisch mit dem Teig bedeckt ist. Das Öl erhitzen und das Steak goldbraun braten. Aus der Pfanne nehmen und auf Küchenpapier abtropfen lassen. 15 ml/1 EL Öl erhitzen und Sellerie und Zwiebeln 3 Minuten anbraten. Fleisch, Wasser, Salz, Sojasauce, Wein oder Sherry und Zucker hinzufügen und mit Pfeffer würzen. Zum Kochen bringen und unter Rühren kochen, bis die Soße eindickt.

Fleisch mit Karotten

Für 4 Portionen
30 ml / 2 EL Erdnussöl (Erdnuss)
450 g/1 Pfund mageres Rindfleisch, gewürfelt
2 Frühlingszwiebeln (Frühlingszwiebeln), in Scheiben geschnitten
2 Knoblauchzehen, zerdrückt
1 Scheibe Ingwerwurzel, gehackt
250 ml / 8 fl oz / 1 Tasse Sojasauce
30 ml / 2 EL Reiswein oder trockener Sherry

30 ml / 2 Esslöffel brauner Zucker

5 ml/1 TL Salz

600 ml/1 pt/2¬Ω Tassen Wasser

4 Karotten schräg schneiden

Das Öl erhitzen und das Fleisch anbraten, bis es leicht gebräunt ist. Überschüssiges Öl abgießen, Schalotten, Knoblauch, Ingwer und Anis dazugeben und 2 Minuten braten. Sojasauce, Wein oder Sherry, Zucker und Salz hinzufügen und gut vermischen. Wasser hinzufügen, zum Kochen bringen, abdecken und 1 Stunde kochen lassen. Die Karotten dazugeben, abdecken und weitere 30 Minuten kochen lassen. Nehmen Sie den Deckel ab und lassen Sie es kochen, bis die Soße eingekocht ist.

Rindfleisch mit Cashewnüssen

Für 4 Portionen

60 ml / 4 EL Erdnussöl (Erdnuss)

450 g Rumpsteak, in dünne Scheiben geschnitten

8 Frühlingszwiebeln (Frühlingszwiebeln), in Stücke geschnitten

2 Knoblauchzehen, zerdrückt

1 Scheibe Ingwerwurzel, gehackt

75 g/3 oz/¬œ Tasse geröstete Cashewnüsse

120 ml/4 fl oz/¬Ω Tasse Wasser

20 ml / 4 TL Maismehl (Maisstärke)

20 ml/4 TL Sojasauce
5 ml/1 TL Sesamöl
5 ml/1 TL Austernsauce
5 ml / 1 TL Chilisauce

Die Hälfte des Öls erhitzen und das Fleisch anbraten, bis es leicht gebräunt ist. Aus der Pfanne nehmen. Restliches Öl erhitzen und Schalotten, Knoblauch, Ingwer und Cashewnüsse 1 Minute anbraten. Geben Sie das Fleisch wieder in die Pfanne. Die restlichen Zutaten vermischen und die Mischung in die Pfanne rühren. Zum Kochen bringen und unter Rühren kochen, bis die Mischung eindickt.

langsamer Fleischauflauf

Für 4 Portionen

30 ml / 2 EL Erdnussöl (Erdnuss)
450 g geschmortes Rindfleisch, gewürfelt
3 Scheiben Ingwerwurzel, gehackt
3 Karotten, in Scheiben geschnitten
1 Rübe, gewürfelt
15 ml/1 EL schwarze Datteln, entkernt
15 ml/1 EL Lotussamen
30 ml / 2 Esslöffel Tomatenpüree (Paste)
10 ml / 2 Esslöffel Salz

900 ml/1 ½ Punkte/3 ¾ Tassen Rinderbrühe

250 ml / 8 fl oz / 1 Tasse Reiswein oder trockener Sherry

Erhitzen Sie das Öl in einer großen, feuerfesten Auflaufform oder Pfanne und braten Sie das Fleisch an, bis es von allen Seiten scharf angebraten ist.

Fleisch mit Blumenkohl

Für 4 Portionen

225 g Blumenkohlröschen

Frittieröl

225 g / 8 oz Rindfleisch, in Streifen geschnitten

50 g Bambussprossen, in Streifen geschnitten

10 Wasserkastanien, in Streifen geschnitten

120 ml/4 fl oz/½ Tasse Hühnerbrühe

15 ml / 1 EL Sojasauce

15 ml / 1 EL Austernsauce

15 ml / 1 EL Tomatenmark (Paste)

15 ml / 1 EL Maismehl (Maisstärke)
2,5 ml/½ TL Sesamöl

Den Blumenkohl 2 Minuten in kochendem Wasser kochen und abtropfen lassen. Das Öl erhitzen und den Blumenkohl anbraten, bis er leicht gebräunt ist. Herausnehmen und auf Küchenpapier abtropfen lassen. Das Öl erneut erhitzen und das Fleisch anbraten, bis es leicht gebräunt ist, herausnehmen und abtropfen lassen. Gießen Sie alles bis auf 15 ml/1 EL Öl hinein und braten Sie die Bambussprossen und Wasserkastanien 2 Minuten lang an. Die restlichen Zutaten hinzufügen, zum Kochen bringen und unter Rühren kochen, bis die Sauce eindickt. Geben Sie das Rindfleisch und den Blumenkohl wieder in den Topf und erhitzen Sie es vorsichtig. Sofort servieren.

Rindfleisch mit Sellerie

Für 4 Portionen
100 g Sellerie, in Streifen geschnitten
45 ml / 3 EL Erdnussöl (Erdnuss)
2 Frühlingszwiebeln (Frühlingszwiebeln), gehackt
1 Scheibe Ingwerwurzel, gehackt
225 g / 8 oz mageres Rindfleisch, in Streifen geschnitten
30 ml / 2 EL Sojasauce
30 ml / 2 EL Reiswein oder trockener Sherry

2,5 ml/½ Teelöffel Zucker

2,5 ml/½ Teelöffel Salz

Den Sellerie 1 Minute in kochendem Wasser blanchieren und gut abtropfen lassen. Das Öl erhitzen und die Zwiebel und den Ingwer anbraten, bis sie leicht goldbraun sind. Das Fleisch dazugeben und 4 Minuten anbraten. Sellerie hinzufügen und 2 Minuten anbraten. Sojasauce, Wein oder Sherry, Zucker und Salz hinzufügen und 3 Minuten anbraten.

Gebratene Fleischchips mit Sellerie

Für 4 Portionen

30 ml / 2 EL Erdnussöl (Erdnuss)

450 g/1 Pfund mageres Rindfleisch, in Scheiben geschnitten

3 Selleriestangen, gehackt

1 Zwiebel, gerieben

1 Schalotte (Frühlingszwiebeln), in Scheiben geschnitten

1 Scheibe Ingwerwurzel, gehackt

30 ml / 2 EL Sojasauce

15 ml / 1 EL Reiswein oder trockener Sherry

2,5 ml/½ Teelöffel Zucker

2,5 ml/½ Teelöffel Salz

10 ml / 2 TL Maismehl (Maisstärke)

30 ml / 2 Esslöffel Wasser

Die Hälfte des Öls sehr heiß erhitzen und das Fleisch 1 Minute lang goldbraun braten. Aus der Pfanne nehmen. Das restliche Öl erhitzen und Sellerie, Zwiebeln, Frühlingszwiebeln und Ingwer anbraten, bis sie leicht weich sind. Geben Sie das Fleisch mit Sojasauce, Wein oder Sherry, Zucker und Salz wieder in die Pfanne, bringen Sie es zum Kochen und braten Sie es durch. Speisestärke und Wasser vermischen, in der Pfanne verrühren und kochen, bis die Soße eindickt. Sofort servieren.

Geschnetzeltes Rindfleisch mit Hühnchen und Sellerie

Für 4 Portionen

4 chinesische getrocknete Pilze

45 ml / 3 EL Erdnussöl (Erdnuss)

2 Knoblauchzehen, zerdrückt

1 geschnittene Ingwerwurzel, gehackt

5 ml/1 TL Salz

100 g mageres Rindfleisch, in Streifen geschnitten

100 g Hähnchen, in Streifen geschnitten

2 Karotten, in Streifen schneiden

2 Selleriestangen, in Streifen geschnitten

4 Frühlingszwiebeln (Frühlingszwiebeln), in Streifen geschnitten

5 ml/1 TL Zucker

5 ml/1 TL Sojasauce

5 ml/1 TL Reiswein oder trockener Sherry

45 ml / 3 Esslöffel Wasser

5 ml / 1 TL Maismehl (Maisstärke)

Die Pilze 30 Minuten in warmem Wasser einweichen und abtropfen lassen. Die Stiele entfernen und die Spitzen hacken. Das Öl erhitzen und Knoblauch, Ingwer und Salz leicht goldbraun braten. Fleisch und Hähnchen dazugeben und anbraten, bis es anfängt zu bräunen. Sellerie, Schalotten, Zucker, Sojasauce, Wein oder Sherry und Wasser hinzufügen und zum Kochen bringen. Abdecken und etwa 15 Minuten garen, bis das Fleisch zart ist. Speisestärke mit etwas Wasser verrühren, in die Soße einrühren und unter Rühren kochen, bis die Soße andickt.

Chili-Rindfleisch

Für 4 Portionen

450 g Rumpsteak, in Streifen geschnitten
45 ml / 3 EL Sojasauce
15 ml / 1 EL Reiswein oder trockener Sherry
15 ml / 1 EL brauner Zucker
15 ml / 1 EL fein gehackte Ingwerwurzel
30 ml / 2 EL Erdnussöl (Erdnuss)
50 g Bambussprossen, in Streichhölzer geschnitten
1 Zwiebel, in Streifen schneiden
1 Selleriestange, in Streichhölzer geschnitten
2 rote Paprika, entkernt und in Streifen geschnitten
120 ml/4 fl oz/¬Ω Tasse Hühnerbrühe
15 ml / 1 EL Maismehl (Maisstärke)

Legen Sie das Steak in eine Schüssel. Sojasauce, Wein oder Sherry, Zucker und Ingwer vermischen und unter das Steak rühren. 1 Stunde marinieren lassen. Das Steak aus der Marinade nehmen. Die Hälfte des Öls erhitzen und Bambussprossen, Zwiebeln, Sellerie und Paprika 3 Minuten anbraten, dann aus der Pfanne nehmen. Das restliche Öl erhitzen und das Steak 3 Minuten braten. Die Marinade dazugeben, zum Kochen bringen und das gebratene Gemüse dazugeben. Unter Rühren 2 Minuten kochen lassen. Brühe und Maismehl einrühren und in die Pfanne geben. Zum Kochen bringen und unter Rühren kochen, bis die Soße klar wird und eindickt.

Rindfleisch mit Chinakohl

Für 4 Portionen

225 g / 8 oz mageres Rindfleisch
30 ml / 2 EL Erdnussöl (Erdnuss)
350 g / 12 oz Chinakohl, gehackt
120 ml/4 fl oz/¬Ω Tasse Rinderbrühe
Salz und frisch gemahlener Pfeffer
10 ml / 2 TL Maismehl (Maisstärke)
30 ml / 2 Esslöffel Wasser

Das Fleisch gegen die Faserrichtung in dünne Scheiben schneiden. Das Öl erhitzen und das Fleisch goldbraun braten. Den Chinakohl dazugeben und anbraten, bis er etwas weicher wird. Brühe hinzufügen, aufkochen und mit Salz und Pfeffer würzen. Abdecken und 4 Minuten kochen lassen, bis das Fleisch zart ist. Speisestärke und Wasser vermischen, in die Pfanne rühren und unter Rühren kochen, bis die Soße eindickt.

Rinderkotelett

Für 4 Portionen

3 Selleriestangen, in Scheiben geschnitten
100 g Sojasprossen
100 g Brokkoliröschen
60 ml / 4 EL Erdnussöl (Erdnuss)
3 Frühlingszwiebeln (Frühlingszwiebeln), gehackt
2 Knoblauchzehen, zerdrückt
1 Scheibe Ingwerwurzel, gehackt
225 g / 8 oz mageres Rindfleisch, in Streifen geschnitten
45 ml / 3 EL Sojasauce
15 ml / 1 EL Reiswein oder trockener Sherry
5 ml/1 TL Salz
2,5 ml/¬Ω Teelöffel Zucker
frisch gemahlener Pfeffer
15 ml / 1 EL Maismehl (Maisstärke)

Sellerie, Sojasprossen und Brokkoli in kochendem Wasser 2 Minuten blanchieren, abtropfen lassen und trocken tupfen. 45 ml / 3 EL Öl erhitzen und Schalotten, Knoblauch und Ingwer leicht goldbraun braten. Das Fleisch dazugeben und 4 Minuten anbraten. Aus der Pfanne nehmen. Das restliche Öl erhitzen und das Gemüse 3 Minuten braten. Fleisch, Sojasauce, Wein oder

Sherry, Salz, Zucker und eine Prise Pfeffer hinzufügen und 2 Minuten anbraten. Die Speisestärke mit etwas Wasser vermischen, in die Pfanne rühren und unter Rühren kochen, bis die Soße klar wird und eindickt.

Fleisch mit Gurke

Für 4 Portionen

450 g Rumpsteak, in dünne Scheiben geschnitten
45 ml / 3 EL Sojasauce
30 ml / 2 EL Maismehl (Maisstärke)
60 ml / 4 EL Erdnussöl (Erdnuss)
2 Gurken, geschält, entkernt und in Scheiben geschnitten
60 ml / 4 EL Hühnerbrühe
30 ml / 2 EL Reiswein oder trockener Sherry
Salz und frisch gemahlener Pfeffer

Legen Sie das Steak in eine Schüssel. Sojasauce und Maismehl vermischen und unter das Steak mischen. 30 Minuten marinieren lassen. Die Hälfte des Öls erhitzen und die Gurken 3 Minuten darin braten, bis sie glasig sind, dann aus der Pfanne nehmen. Das restliche Öl erhitzen und das Steak goldbraun braten. Die Gurken dazugeben und 2 Minuten anbraten. Brühe, Wein oder Sherry hinzufügen und mit Salz und Pfeffer würzen. Zum Kochen bringen, abdecken und 3 Minuten kochen lassen.

Beef Chow Mein

Für 4 Portionen

750 g / 1 ¬Ω lb Rumpsteak

2 Zwiebeln

45 ml / 3 EL Sojasauce

45 ml / 3 EL Reiswein oder trockener Sherry

15 ml / 1 EL Erdnussbutter

5 ml / 1 TL Zitronensaft

350g / 12oz Eiernudeln

60 ml / 4 EL Erdnussöl (Erdnuss)

175 ml / 6 fl oz / ¬œ Tasse Hühnerbrühe

15 ml / 1 EL Maismehl (Maisstärke)

30 ml / 2 EL Austernsauce

4 Frühlingszwiebeln (Frühlingszwiebeln), gehackt

3 Selleriestangen, in Scheiben geschnitten

100 g Champignons, in Scheiben geschnitten

1 grüne Paprika, in Streifen geschnitten

100 g Sojasprossen

Entfernen Sie das Fett vom Fleisch und entsorgen Sie es. Das Getreide in dünne Scheiben schneiden. Die Zwiebeln in Spalten schneiden und die Schichten trennen. Mischen Sie 15 ml / 1 EL Sojasauce mit 15 ml / 1 EL Wein oder Sherry, der Erdnussbutter und dem Zitronensaft. Das Fleisch hinzufügen, abdecken und 1 Stunde ruhen lassen. Kochen Sie die Nudeln in kochendem Wasser etwa 5 Minuten lang oder bis sie weich sind. Gut trocknen. 15 ml/1 EL Öl erhitzen, 15 ml/1 EL Sojasauce und Nudeln hinzufügen und 2 Minuten unter Rühren braten, bis sie leicht gebräunt sind. Auf einen vorgewärmten Servierteller geben.

Restliche Sojasauce und Wein oder Sherry mit Brühe, Maismehl und Austernsauce vermischen. 15 ml/1 EL Öl erhitzen und die Zwiebeln 1 Minute anbraten. Sellerie, Pilze, Paprika und Sojasprossen hinzufügen und 2 Minuten anbraten. Aus dem Wok nehmen. Das restliche Öl erhitzen und das Fleisch goldbraun braten. Brühemischung hinzufügen, zum Kochen bringen, abdecken und 3 Minuten köcheln lassen. Geben Sie das Gemüse zurück in den Wok und kochen Sie es unter Rühren etwa 4 Minuten lang, bis es heiß ist. Die Mischung über die Nudeln gießen und servieren.

Gurkensteak

Für 4 Portionen

450 g/1 Pfund Rumpsteak
10 ml / 2 TL Maismehl (Maisstärke)
10 ml / 2 Teelöffel Salz
2,5 ml/¬Ω Teelöffel frisch gemahlener Pfeffer
90 ml / 6 EL Erdnussöl
1 Zwiebel, fein gehackt
1 Gurke, geschält und in Scheiben geschnitten
120 ml/4 fl oz/¬Ω Tasse Rinderbrühe

Schneiden Sie das Steak in Streifen und dann entlang der Faser in dünne Scheiben. In eine Schüssel geben und Maismehl, Salz, Pfeffer und die Hälfte des Olivenöls vermischen. 30 Minuten marinieren lassen. Das restliche Öl erhitzen und das Fleisch und die Zwiebeln anbraten, bis sie leicht gebräunt sind. Gurken und Brühe hinzufügen, zum Kochen bringen, abdecken und 5 Minuten kochen lassen.

Roastbeef-Curry

Für 4 Portionen

45 ml / 3 EL Butter

15 ml/1 EL Currypulver

45 ml / 3 EL Mehl (Allzweckmehl)

375 ml / 13 fl oz / 1¬Ω Tassen Milch

15 ml / 1 EL Sojasauce

Salz und frisch gemahlener Pfeffer

450 g/1 Pfund gekochtes Rindfleisch, gehackt

100g Erbsen

2 Karotten, gehackt

2 Zwiebeln, gehackt

225 g / 8 oz gekochter Langkornreis, warm

1 weichgekochtes Ei (hartgekocht), in Scheiben geschnitten

Butter schmelzen, Currypulver und Mehl einrühren und 1 Minute kochen lassen. Milch und Sojasauce hinzufügen, zum Kochen bringen und unter Rühren 2 Minuten kochen lassen. Mit Salz und Pfeffer würzen. Das Fleisch, die Erbsen, die Karotten und die Zwiebeln dazugeben und gut vermengen, bis es mit der Soße bedeckt ist. Den Reis einrühren, die Mischung in eine ofenfeste Form geben und im vorgeheizten Ofen bei 200 °C/400

°F/Gasstufe 6 20 Minuten backen, bis das Gemüse weich ist. Mit gekochten Eischeiben dekoriert servieren.

www.ingramcontent.com/pod-product-compliance
Lightning Source LLC
Chambersburg PA
CBHW070357120526
44590CB00014B/1168